Fernando Mitre

DEBATE NA VEIA

Copyright @ Fernando Mitre, 2023

Grafia atualizada segundo o Acordo Ortográfico
da Língua Portuguesa de 1990, que entrou em vigor no Brasil em 2009.

Coordenação editorial: Nicodemos Sena e Sálvio Nienkötter
Editores Executivos: Marli Perim / Claudecir de Oliveira Rocha
Design editorial (capa e miolo): Cesar Neves Filho

Iconografia: Chico Mitre (Fotógrafos: Antônio Moura, Chico Mitre, Fábio Braga, Fernando Donasci, Guina Araújo Ramos, J. F. Diorio, Jorge Araújo, Jorge Barret Viedma, Kelly Fuzaro, Mônica Zarattini, Otávio Magalhães, Ovídeo Vieira, Paulo Cerciari, Renato dos Anjos, Renato Pizutto, Sérgio Amaral, Wilson Pedrosa)
Preparação de originais e revisão: Nicodemos Sena

Dados Internacionais de Catalogação na Publicação (CIP)
Angélica Ilacqua – CRB-8/7057

M671d
Mitre, Fernando,1941-
Debate na veia / Fernando Mitre
Taubaté, SP: Letra Selvagem; Kotter Editorial, 2023.

312 p.

ISBN 978-65-89841-22-7 (Letra Selvagem)
ISBN 978-65-5361-246-4 (Kotter Editorial)

1. Democracia. 2. Política – História - Jornalismo
23-5466   I. Título. CDD – 321.8

Direitos reservados e protegidos pela lei 9.610 de 19.02.1998.

LETRA SELVAGEM
Rua Cônego Almeida, 113 - Centro – Taubaté-SP. CEP 12080-260.
Tel. +55(12)99203-3836
www.letraselvagem.com.br
edirtoraelivrarialetraselvagem@gmail.com

KOTTER EDITORIAL
Rua das Cerejeiras, 194 - Curitiba-PR. CEP 82700-510.
Tel. +55(41)3585-5161
www.kotter.com.br
contato@kotter..com.br

SUMÁRIO

Prefácio: Roberto DaMatta/*Aulas de*
História, Política e Jornalismo 7

Debate na Veia:
  01- Lula chega derrotado.................................17
  02- No fio da navalha....................................20
  03- Armadilhas numa eleição.........................23
  04- Como avaliar um debate.........................25
  05- Ganha mas não leva................................27
  06- Quando o debate decide.........................28
  07- Chantagem para debater........................31
  08- Bolsonaro erra o alvo..............................35
  09- Jânio apoplético.....................................37
  10- Vai e Vem nos debates...........................41
  11- Ninguém ganhava do real.......................43
  12- Minha grande frustração........................46
  13- Como enfrentar esta lei...........................49
  14- Chão escorregadio..................................51
  15- Emoção: desfile democrático..................53
  16- Cuidado: militares de olho.....................55
  17- Quase parlamentarismo..........................63
  18- Receita mineira para política..................66
  19- Metralhadora na plateia.........................69
  20- Perigo chamado Lacerda........................73
  21- Pregação do padre do diabo...................76
  22- Aplausos: ditador chegando...................81
  23- "Sua pergunta pegou mal".....................85
  24- Desafio do primeiro debate....................89
  25- O hino da democracia............................92

26- "Buzina agora, seu filho…"..................................93
27- Começou, cadê o Collor? 97
28- Raízes do conflito democrático 100
29- Dos livros e museus para a tevê...............110
30- Ele vai se Lula for...113
31- Tem plateia? Lula não vai............................117
32- Fracasso dói. (Eu sei.)..................................121
33- O show beirava o caos 124
34- Cuba não falta ao debate 129
35- Ustra ou Fleury? Parada dura 133
36- Pode se jogar, o abismo é seu 136
37- Arte de esconder o voto...............................141
38- A história avisa: olhe os vices......................143
39- Sinais: liberdade voltando 148
40- Sarney reage aos ataques 152
41- Virou circo? Público se diverte 156
42- A praga das *fake news*.................................159
43- A noite da bomba no jornal 163
44- "Foge disso, meu filho"...............................168
45- Debate em tempo de COVID 171
46- A disputa pelo debate..................................174
47- Café com o presidente.................................176
48- Chegou a lei e me levou 178
49- O debate antes da facada 182
50- Último encontro com Boechat...................185
51- Traição na Praça da Liberdade 189
52- Não há presidente como este 194
53- Viagem ao enigma chinês 207
54- Sem eles, eu não vou....................................210
55- Presidente fugiu? Cadeira vazia 217
56- Piada encerra campanha do PT 220
57- Estreia no comício da morte 223
58- Não viu a multidão, FHC? 234

59- Último coronel da política mineira.........................237
60- Baile da Ilha Fiscal em N.Y. 241
61- Gravando: o general vai falar 244
62- Tive que sair procurando Lula 250
63- A primeira acusação ao PT...............................255
64- Perigo na trincheira da USP 258
65- Voz inovadora na campanha..............................261
66- A Igreja chega ao debate................................265
67- As ideias em conflito 269
68- A redação ferve 279

Testemunhos (Vozes do Estúdio):
André Basbaum/*"O senhor do debate"* 295
Fernando Mattar/*O resto é História*...............................299
Rodolfo Schineider/*Comandante do barco e articulador*....303
André L. Costa/*A pedra no lago digital*..........................306

SIGLAS
UTILIZADAS NESTE LIVRO:

AP – Ação Popular
CCC – Comando de Caça aos Comunistas
CLT – Consolidação das Leis Trabalhistas
CRUSP – Conjunto Residencial da USP
DOPS – Departamento de Ordem Política e Social
EUA – Estados Unidos da América
FIESP – Federação das Indústrias do Estado de São Paulo
FMI – Fundo Monetário Internacional
JEC – Juventude Estudantil Católica
JOC – Juventude Operária Católica
JUC – Juventude Universitária Católica
MDB – Movimento Democrático Brasileiro
PEC – Proposta de Emenda à Constituição
PCB – Partido Comunista Brasileiro
PDT – Partido Democrático Brasileiro
PFL – Partido da Frente Liberal
POLOP – Organização Revolucionária Marxista Política Operária
PPS – Partido Popular Socialista
PSDB – Partido da Social Democracia Brasileira
PSOL – Partido Socialismo e Liberdade
PT – Partido dos Trabalhadores
PTB – Partido Trabalhista Brasileiro
PUC – Pontifícia Universidade Católica
TRE – Tribunal Regional Eleitoral
UDN – União Democrática Nacional
UMG – Universidade de Minas Gerais
UNE – União Nacional dos Estudantes
UOL – Universo Online
URV – Unidade Real de Valor
USP – Universidade de São Paulo

Prefácio

Aulas de História, Política e Jornalismo

Roberto DaMatta[1]

Acabo de ler *Debate na Veia*, de Fernando Mitre. Sinto-me marcado intelectualmente e impactado emocionalmente com a exposição luminosa — uma precisa descrição etnográfica, como diria o meu lado antropológico — da imensa tarefa de organizar e tornar crítico para o aprendizado democrático o debate político — evento que consagra, ao lado de outros trabalhos, o jornalismo de Fernando Mitre.

O encontro marcado e balizado por regras precisas e por uma dramaturgia adequada, de candidatos a cargos públicos consagrados por meio do voto livre dos eleitores. Um momento cuja função explícita é permitir um conhecimento direto, pessoal e emocional dos que têm como projeto profissional competir por cargos abertos à toda a sociedade, mas que são efetivamente ocupados por disputantes que se propõem a competir e a estabelecer uma "elite política" consagrada pelo voto popular. Sufrágio que simboliza a "vontade" da popula-

---

[1] Roberto DaMatta (Niterói, 1936) é antropólogo, conferencista, filósofo, consultor, colunista de jornal e produtor brasileiro de TV. Professor emérito da Universidade de Notre Dame. Graduado e licenciado em História pela Universidade Federal Fluminense. Possui curso de especialização em antropologia social do Museu Nacional da Universidade Federal do Rio de Janeiro (1960) bem como doutorado pela Universidade Harvard. Entre outros livros, autor de "A casa e a rua", "Um mundo dividido", "Fila e democracia", e o clássico "Carnavais, malandros e heróis".

ção como constituinte no ritual eleitoral, essa cerimônia básica das democracias.

Neste sentido, Fernando Mitre nos relata como trabalhou e usou o seu talento jornalístico para conceber no Brasil, a partir das campanhas presidenciais, um rito pré-eleitoral destinado a relacionar candidatos e eleitores naquilo que é, reitero, um requerimento das democracias. E, no caso de países com um histórico de governos coloniais aristocráticos, a dissolver no "debate democrático aberto" o forte traço hierárquico do sistema tradicional, cujo modo de dominação era aristocrático e autoritário.

Este livro alarga os aspectos formais desse encontro, mostrando, em linguagem viva e literariamente atraente, sua profundidade. Revela as durezas de estabelecer regras porque, afinal de contas, a tão chamada "luta política", transcrita em imagens abertas ao público, é a melhor senão a única maneira de humanizar essa classe que o povo, mesmo quando é por ela governada, conhece superficialmente. O debate, deste modo, vai além dos formalismos e estereótipos consagrados ideologicamente, para assentar a "pessoa política" como um "candidato" a um cargo aberto e disputado.

Se podemos nos irritar num jogo de futebol, cujas regras são claras e mais do que estabelecidas, no "debate político" o trabalho de acertar as etiquetas com assessores e marqueteiros e com o próprio astro do evento, o candidato, é — como revela o livro — um esforço de paciência, entendimento e talento. Pois, no Brasil, o confronto é mal visto. Discordar abertamente, correndo o risco do "bate-boca", não combina com a nossa concepção de "política", mais afeita à malandragem e ao fingimento do que à desavença. Isso para não falar das consequências do debate, que podem ser fatais, como relembra Mitre, para os disputantes.

Essa saga de produzir tais eventos cruciais numa democracia é o que você vai encontrar no texto do maior e mais experiente produtor de debates ou duelos políticos no Brasil. Aqui, o jornalista atinge na veia este palco revelando o "candidato" a olho nu e em estado de graça. Tal como ele, de fato e de direito, é, ou finge ser, em sua sabedoria ou ignorância, sua graça ou desgraça que, infelizmente, só vai surgir depois da tal "posse do cargo"...

No fundo, o "debate político" é um importante portal da democracia. É com ele, como elucida Mitre, que se aprende — tal como acontece nas arenas esportivas — a discordar concordando, a transformar o inimigo em adversário, a neutralizar etnia, classe social e gênero, e a respeitar escolhas de todos os tipos. Ali também deduzimos o nível de lealdade do candidato a certos limites impossíveis de serem percebidos nos comícios, pois a lógica do palanque é outra. Ela não tem a sutileza da televisão na qual os candidatos surgem como pessoas e não como santos nos seus altares. Daí, sem nenhuma dúvida, o mérito desses ensaios que recapitulam como foi duro abrir espaços amordaçados pelas personalidades dos postulantes e pela dialética brasileira entre autoritarismo populista e republicanismo sem conflitos de interesses.

Ao longo desta importante jornada, Mitre relembra os momentos mais emocionantes e pitorescos destes rituais pré-eleitorais. Ademais, o leitor é gratamente surpreendido em desvendar o aprendizado político do jornalista. Aqui, vale destacar a sua diamantina isenção democrática e profissional na condução dos debates, o que faz com que eu recomende esse livro aos estudantes de jornalismo. Pois ele demonstra a possibilidade tão criteriosamente relembrada por Fernando Mitre de escolher a isenção. Escolha difícil, sem dúvida, opção que neste Brasil de hoje parece impossível, mas que surge em toda a sua integridade moral nos bastidores deste livro. É onde está o coração do bom jornalismo e da democracia.

Jardim Ubá, 23 de junho de 2023.

DEBATE NA VEIA

À minha Eloísa,
que me ajudou a escrever este livro.

Nota do Autor

Quando, já na curva dos 60 anos de profissão, a ideia de escrever um livro passa a ser sentida como uma necessidade, ou, mais do que isso, uma obrigação, o que um jornalista pode fazer?

Ora, escrever o livro — mesmo correndo o risco de derrapagens perigosas na viagem tardia.

Tardia, mas ainda em tempo de percorrer, recordando em detalhes, uma estrada que vai dos comícios golpistas de Carlos Lacerda aos debates entre Lula e Bolsonaro. Do foca desaforado no primeiro estágio numa redação em Minas, no início dos anos 60, até o velho mas jamais cansado diretor de jornalismo de agora.

Tem muita coisa neste livro — incluindo alguns possíveis erros que não descarto. Conto com o leitor para corrigi-los, se os encontrar. Conto, principalmente, com o leitor para fazer o seu ofício de ler o livro.

Não quero garantir nada, mas não resisto à tentação de dizer, pelo menos, que não é uma leitura chata. E isso eu garanto. Se alguém discordar, não ficarei ofendido, mesmo porque, para discordar, é preciso ler o livro.

E esse, desculpe o egoísmo, esse é o meu maior interesse.

F. Mitre

01

Lula chega derrotado

Lula estava mal naquela noite, quando chegou ao estúdio da Band para o segundo e último debate com Fernando Collor. Não escondia a irritação. Cenho carregado, olhar um tanto vago, não o vi sorrir, como fazia generosamente o adversário.

Notei que suava muito quando trocamos o cumprimento. A voz saiu baixa e um tanto rouca no meu ouvido.

— Não vou dar a mão a esse filho da puta.

— Mas, Lula, o cumprimento está no roteiro, como no primeiro debate.

— Não vou cumprimentar... — repetiu, apertando o meu braço.

Vi que ele estava fragilizado psicologicamente, na verdade despreparado para aquele último confronto, que poderia definir a eleição. Como, de fato, definiu, ou concorreu fortemente para a definição, o que ficou claro para mim, depois de avaliar os desdobramentos das quase 3 horas de perguntas, respostas, ironias e agressões mais ou menos veladas, assistidas por mais de 100 milhões de brasileiros.

O pool das quatro grandes emissoras da época — Globo, Band, SBT e Manchete — conseguiu mobilizar e parar o Brasil naquela véspera de eleição.

Não insisti mais com Lula e fui falar com Collor, que já ocupava seu púlpito, manuseando papéis com anotações e um tal dossiê que ele consultaria algumas vezes durante o debate, olhando, de vez em quando, para o adversário ao lado, como se conferisse alguma informação ou denúncia contra ele. Não passou disso, mas criou um clima ali.

— Candidato, temos que fazer uma mudança no roteiro.

— Por quê?

— O Lula não quer cumprimentar ...

— Muda então, me interrompeu o Collor, mal disfarçando a satisfação de ver que enfrentaria um adversário em más condições psicológicas.

Era essa certamente a intenção do comando de sua campanha, quando jogou no horário eleitoral um vídeo, que se tornou um clássico das baixarias de campanha política: aquele depoimento de uma ex-namorada de Lula, dizendo que ele tentou pressioná-la a fazer um aborto.

A própria filha se insurgiu, depois, contra a calúnia, apoiando o pai. Mas, naquele momento, Lula estava arrasado e assim, arrasado, chegou ao debate[2].

Ainda demonstrava esse estado de espírito ao tomar, em seguida, o seu lugar no púlpito à direita no vídeo, subindo no banquinho de 15 centímetros que aproximavam os seus 1,68m da altura do adversário. Ao final do programa, saindo do estúdio, não disfarçava aquele mesmo estado de espírito. Eu me lembro de ter feito uma pergunta a ele um tanto inútil:

— Lula, você jogou para o empate?

Acho que gostou da ideia. Na hora ali, não respondeu, mas logo depois, na última declaração da noite, cercado de microfones, no pátio da Band, eu o ouvi dizendo:

— Joguei para o empate...

Já o adversário, pelo humor que demonstrava, ao se despedir de mim ainda no estúdio, comemorava praticamente o resultado do confronto, cercado de assessores sorridentes.

O fato é que Lula perdeu aquele último debate.

---

[2] Este episódio está contado no excelente livro *Notícias do Planalto*, de Mário Sérgio Conti. Aqui vai com mais detalhes. (N. do A.)

Mas perdeu de pouco, não tanto como mostrou a Globo na célebre edição para o Jornal Nacional. Erraram feio ali a favor de Collor, que apareceu dando uma goleada que não houve.

Também errei, na Band, na edição daquele debate, que acompanhei, na ilha de edição, detalhe por detalhe. Errei a favor de Lula, mas por muito pouco. Acabei equilibrando o que, de fato, não foi equilibrado. O resultado real daquele último debate, ao contrário do primeiro, foi favorável a Collor, mas sem goleada.

02

No fio da navalha

O eleitorado brasileiro estava dividido, as pesquisas mostravam números próximos do empate, com pequena diferença favorável a Lula na maioria delas — o que começou a se inverter na reta final, até a confirmação nas urnas.

Aqueles momentos finais da campanha de 1989 chegaram a uma temperatura de alto-forno, alimentado por informações mentirosas, não só de um lado, hostilidades entre eleitores, as paranoias de sempre. Tudo isso ganhando mais intensidade com a baixaria contra Lula, no horário eleitoral de rádio e tevê, que contaminou ainda mais os últimos dias antes da hora de votar.

Só faltaria, para piorar aquele ambiente pesado ou apodrecido — o que parecia impossível na véspera da eleição — a cena expressa numa foto improvável, que acabava de ser divulgada pela Polícia, conforme me informavam, mostrando os sequestradores do empresário Abilio Diniz, vestidos com a camisa do PT.

A descrição mais detalhada daquela foto, que ouvi por telefone, mesmo ela ainda não tendo chegado para mim na redação, me pareceu inteiramente inverossímil e até um tanto ridícula: os sequestradores com "as caras assustadas" posando, simetricamente, alguns usando a camisa petista. Isso que ouvi não dava para qualquer jornalista levar a sério.

A foto que recebi, logo depois, era outra, mas também feita pela Polícia, e com o mesmo significado — que faria igual estrago na campanha. Como acabou fazendo. Mostrava várias armas — metralhadoras, revólveres e bastante munição — dispostas sobre uma mesa ao fundo da delegacia, e, em primeiro plano, camisas, panfletos, símbolos e bandeira do PT. Foi com essa que lidei, duvidei e me preocupei, enquanto se aproximava a hora angustiante de entrar o jornal.

— Vamos dar essa imagem no jornal?

Essa pergunta, na redação, me atordoava. Não era a primeira vez nem seria a última que um diretor de jornalismo viveria uma angústia como aquela, sob pressões inevitáveis, principalmente do *deadline*, a hora de pôr o jornal no ar.

A foto era oficial, distribuída pela Polícia, que havia desbaratado a quadrilha de sequestradores e chegado ao cativeiro do empresário. Mas o mais superficial olhar sobre ela mostrava que a cena tinha sido montada. Isso era claro tanto nessa foto que estava sobre a minha mesa e eu examinava em detalhes quanto na outra que me descreveram por telefone. O ridículo se acentuava pelo momento da divulgação daquilo: na reta final do segundo turno[3].

Depois de alguns momentos de tensão, transitando, da minha sala na redação, no primeiro andar, até a sala da presidência da Band, lá em cima, no quarto andar, pensei em voz alta, enquanto a hora do jornal se aproximava:

— Entre tantas pressões, por que não pressionar o Ministro da Justiça, teoricamente o responsável pela Polícia Federal?

Em um minuto eu já estava no telefone com Saulo Ramos, com quem tinha um bom diálogo.

— Ministro, não posso pôr no ar essas imagens sem uma palavra sua.

Houve um silêncio do outro lado, que me fez reforçar a pergunta:

---

[3] Em junho de 2022, num discurso de campanha, Lula contou que, no governo Fernando Henrique, havia conseguido a libertação de 10 sequestradores de Abílio Diniz. "Eles estavam em greve de fome e iam morrer". (N. do A.)

— Ministro, alguém precisa desfazer essa escrotidão... Posso mandar uma equipe agora para pegar uma declaração sua?

— Claro, pode mandar.

Pensei naquele momento numa descrição que Machado de Assis faz da sensação de alívio.

"Ministro diz que foto de sequestradores com camisas do PT foi montada..." — uma manchete assim ou algo parecido resolveu bem a questão.

03

Armadilhas numa eleição

Sobram episódios de tensão e insegurança na vida de um diretor de jornalismo — e não só na tevê — em qualquer época, mas, às vezes, me parece que pode ser pior durante uma campanha eleitoral. Exemplos se multiplicam. Como ocorreu na última disputa presidencial, essa de 2022, com o ambiente infestado de *fake news* e variados truques eleitoreiros e, muitas vezes, ostensivamente golpistas.

Não tenho dúvida em afirmar que a cobertura dessas eleições foi a mais difícil e arriscada dos meus 45 anos no comando de redação. Armadilhas vindas de todos os lados no império que se instalou das *fake news*. Sinais de golpismo, sérios ou não, o tempo todo. Notícia ou não?

Ouso dizer o mesmo no caso de qualquer outro colega, seja em que empresa e redação estivesse nesse 2022. Duvido de que algum deles tenha vivido uma cobertura mais tensa.

A poucos dias da eleição, no segundo turno, a entrevista improvisada na frente do Planalto, de um Ministro de Bolsonaro, Fábio Faria, denunciava um esquema nas rádios do país, boicotando a propaganda eleitoral do presidente Bolsonaro e interferindo criminosamente a favor do candidato Lula. "Roubaram a reeleição do presidente", exclamava furioso o ministro, ao lado de um dos assessores mais importantes da campanha. Olhei o relógio, pouco antes das 8 da noite, o Jornal da Band no ar, o sinal aberto para linkar a entrevista. E o primeiro impulso é sempre o de não perder o furo.

Bastava uma ordem ao *switcher*, de onde se comanda o jornal, para a notícia entrar na hora, quente, ao vivo, para todo o país. E ali a tentação puramente jornalística de colocar o fato no ar ou o medo de perder o furo se confrontavam com o perigo da precipitação, o que só aumentava a tensão, ainda dramatizada pela circunstância de que não havia tempo para uma análise ou reflexão sobre aquilo. Era dar ou não dar a notícia, enquanto o tempo passava.

Hoje, quando me lembro, aliviado, daquele episódio, já com tudo esclarecido, me parece óbvio que a decisão só podia ser aquela que minha experiência ditou: ignorar, no Jornal da Band, mais uma tentativa de tumultuar a eleição, apelando para uma denúncia sem consistência e absurda. Nada mais fácil agora. Naquele momento não foi. E confesso que cheguei a correr o risco de uma decisão infeliz, que meus cabelos brancos impediram. O perigo estava logo ali, na relação sempre tensa entre a decisão de um diretor de jornalismo, o deadline implacável e o fato ainda não devidamente apurado, muitas vezes escorrendo pelos dedos. No clima pesado daqueles últimos dias de campanha, com as *fake news* transitando por todos os lados e envolvendo os mais emocionados ou engajados, de boa ou má fé, é claro que fui muito cobrado por não ter dado aquela notícia fabricada. Mas a realidade logo sepultou as cobranças.

04

Como avaliar um debate

O ambiente de uma campanha eleitoral varia de acordo com as circunstâncias de cada uma, o que inclui a índole ou o estilo dos candidatos, o nível de agressividade deles, as estratégias de cada candidatura, a disposição da militância e a realidade do país. Com isso o Conselheiro Acácio, sempre presente, concordaria.

Mas acrescento um ponto aqui, que se destaca entre tantos outros que poderia considerar: há uma perturbação diferente nos dias que antecedem os debates entre candidatos e nos seguintes, no período da repercussão que costuma ser longo.

Esse clima do antes e do depois se torna, a meu ver, especial. Um descuido, uma declaração imprecisa, uma escorregadela no comportamento, um ataque mal dosado, uma denúncia que apareça, qualquer acidente, enfim, numa véspera de debate, pode ter uma influência grande no próprio debate, na campanha e no seu resultado.

Se o cochilo, a estratégia errada, a declaração infeliz ou o mau momento ocorrem durante o debate, a conta para o candidato pode ser alta. Ou, mesmo, fatal.

Os exemplos são vários. O atual vice-presidente Geraldo Alckmin, hoje ironicamente companheiro de governo do presidente Lula, errou feio no primeiro debate do segundo turno contra o mesmo Lula, saindo de seu estilo geralmente tranquilo e cordial e partindo para uma agressividade surpreendente contra o adversário.

Debate na Veia 25

Lula, concorrendo à reeleição, não entendeu que seu adversário estava perdendo ali qualquer possibilidade que pudesse ter de vitória nas urnas. No primeiro intervalo do debate, fez sinal para mim e eu me aproximei do seu púlpito.

— Mitre, esse debate não vai terminar...

— Mas o que eu posso fazer, presidente?

— Você pode dizer isso ao Alckmin. Estou sendo agredido aqui, fui ofendido várias vezes, chamado de mentiroso, não vou ficar ouvindo absurdos, não admito isso. Avise a esse cara que o debate pode acabar mal e antes da hora.

— Vou falar, presidente...

E lá fui eu.

— Governador, o presidente está bravo, disse que não vai admitir essa agressividade, mandou avisar.

A reação de Alckmin? Sorriu com jeito de vitorioso, o assessor ao lado sorriu mais ainda. Todos completamente enganados sobre os efeitos eleitorais daquele comportamento de Alckmin, principalmente o presidente Lula, que, no final do debate, deixou os estúdios da Band mal-humorado, achando que saiu prejudicado naquela noite. E foi o contrário.

Comigo, ficou uma dúvida: o que é que o presidente quis dizer, de fato, quando ameaçou com a frase "este debate não vai terminar"? O que ele faria?

05

Ganha mas não leva

Na eleição anterior, no primeiro debate do segundo turno em 2002, ninguém teve dúvida de que o candidato Garotinho venceu o duelo com Lula, José Serra e Ciro Gomes. Avaliação correta? Ele estava, de fato, imperdível naquela noite, no estúdio da Band, dando show de ironia, agressividade, malícia e bom-humor.

— Não entendo mais nada aqui neste debate. O Antônio Carlos Magalhães é taxado de centro-esquerda e o Serra nunca foi ministro do Fernando Henrique — disse ele, entre gargalhadas da plateia, se dirigindo a Ciro Gomes e ao próprio Serra.

Garotinho foi um sucesso. Mas perdeu voto, como atestaram as pesquisas depois.

Ganhou o debate e perdeu voto? Isso mesmo, foi o que aconteceu, se considerarmos que ganha o debate o candidato que faz mais sucesso televisivo diante dos adversários.

Mas é preciso também considerar que essa pode não ser a qualidade principal que o eleitor procura quando vai escolher seu governante. Questão bem mais complexa do que parece à primeira vista.

06

Quando o debate decide

Na campanha para o governo de São Paulo em 1998, há um exemplo claro do que pode ser a influência de um debate nos resultados de uma disputa eleitoral.

Chegavam ao segundo turno, depois de uma fase especialmente acirrada e agressiva da campanha, os candidatos Paulo Maluf e Mário Covas, velhos adversários. E era hora do esperado confronto na tevê, o primeiro do segundo turno, como sempre num estúdio da Band.

A véspera tinha sido agitada, com as declarações dos candidatos, que alimentavam as manchetes nos jornais, num tempo em que as bancas ainda ferviam com elas.

Os assessores preparavam e municiavam seus candidatos, que chegariam ao debate bem preparados, com conteúdos para fortalecer os próprios argumentos e fragilizar o adversário.

Eu me lembro de ver chegarem os sorridentes Paulo Maluf e Mário Covas, expressando a segurança e o bom humor, recomendados a quem vai entrar em campo para uma disputa.

Seguidos pelos assessores com suas pastas carregadas de argumentos, eles se dirigiam para o estúdio, depois das entrevistas de praxe.

No meio do caminho, num longo corredor, Covas e seus assessores pararam um momento para conversar. E eu pude ouvir o candidato:

— Não precisa, pode deixar.

Ele recusava alguns papéis.

— Não precisa...

28   *Fernando Mitre*

Ouvi a frase de novo. E Covas entrou no estúdio, dirigindo-se para seu púlpito. Maluf já estava lá no dele, cheio de papéis.

Perguntei a um dos assessores de Covas, que conversa foi aquela no corredor, se estava acontecendo alguma coisa...

— Nada, ele respondeu.

Insisti com o assessor, que eu conhecia de outros carnavais, quer dizer de outros debates. E ele soltou:

— Não sei o que o Covas está aprontando.

Na verdade, ele tinha dispensado todas as informações, documentos e conteúdos preparados pela sua competente assessoria.

Comecei a entender, enquanto acompanhava o debate. Covas tinha deixado em segundo plano as questões administrativas de governo e partido para um confronto moral. Foi duro o tempo todo.

— Maluf, você pode me dizer, a mim e ao eleitor, o que significa o verbo "malufar"?

E por aí foi. Esse "verbo", nascido das inúmeras matérias e insistentes denúncias de corrupção contra Maluf, já estava popularizado naquela época. Poderia frequentar conversas e piadas em qualquer botequim. No debate, era um golpe poderoso do qual Maluf não conseguia se defender. Fez o que foi possível:

— Mário Covas, você está muito nervoso, está suando muito... fique calmo.

Não conseguiu reagir nem convencer, enquanto Covas explorava, dominando o ambiente, esse lado sempre vulnerável do adversário. E criando o ambiente adequado para, em momentos oportunos, defender seus planos de governo, com o adversário já abatido.

Ganhou o debate e, nesse caso, não há dúvida: ganhou voto.

Não há debates iguais e é difícil imaginar um padrão de debate vitorioso, já que as circunstâncias políticas que mudam como as nuvens, são fundamentais para decidir o que funciona ou não funciona num confronto entre candidatos. Essa é uma discussão interminável.

Mas, naquela noite, o confronto em si, a estratégia de Mário Covas, as reações do adversário e as circunstâncias políticas, que cercavam a campanha, tudo permite a conclusão de que, ali, no estúdio da Band, mais uma eleição estava sendo decidida.

E com um elemento claramente definidor: segundo a média das pesquisas, Maluf entrou naquele debate com boa vantagem e saiu de lá com pesada desvantagem. Um dos institutos dava 7 pontos de vantagem para Maluf antes do debate e, depois, na pesquisa seguinte, já creditava os mesmos 7 pontos para Mário Covas. Durante o confronto, os pontos foram se deslocando.

Ficou provado que um debate pode, não raramente, interferir radicalmente na mudança da forma das nuvens políticas.

Nem sempre a mudança é sutil, como parece sugerir a frase do político mineiro, que não é o Magalhães Pinto, nem o Tancredo Neves, nem o José Maria Alckmin. A frase, que está no anedotário mineiro — variando, às vezes, numa palavra ou noutra — é verdadeira e é do então presidente de Minas, Antônio Carlos Ribeiro de Andrade, que também foi presidente da Assembleia Geral Constituinte de 1946.

— A política é como nuvem, você olha e ela está de um jeito, olha de novo e ela já mudou.

07

Chantagem para debater

— Ah... então não vou.

Nunca tive certeza se Paulo Maluf, na véspera daquele debate, em 1998, com Mário Covas, estava blefando. Mas ele insistia em querer saber qual seria a pergunta inicial, a ser feita pelo apresentador, e colocava isso como condição para sua presença.

Correr risco àquela altura?

Com tudo pronto, enorme expectativa, os paulistas esperando o grande dia, o primeiro confronto do segundo turno, a primeira oportunidade de comparar, frente a frente, os candidatos ao governo de São Paulo, correr qualquer risco era o que eu menos queria ou admitia.

Sondei de novo o ambiente em torno de Paulo Maluf e continuei em dúvida. Seria real aquela ameaça? O que mais me preocupava era o resultado das pesquisas que davam boa vantagem a Maluf, o que costuma ser motivo para candidato fugir de debate.

A pergunta de abertura do debate é, tradicionalmente, preparada pela produção da Band e nunca é revelada antes. Guardada a sete chaves. Mas Maluf, com a sua insistência, me fez fraquejar.

Ter dúvidas sobre intenções e compromissos de Paulo Maluf numa campanha eleitoral sempre foi uma espécie de lugar-comum inevitável. Tratava-se de um candidato do tipo "cheio de truques", o que não é raro nessas disputas, mas o caso em

Debate na Veia 31

questão exigia atenção redobrada. E causava insegurança.

Embora fosse um eficiente debatedor, costumava demorar a confirmar presença nos debates, além de tantos truques, como poderia ser essa exigência de receber a primeira pergunta com antecedência.

Mas não faltaram também ocasiões em que foi firme e positivo comigo, como no episódio — que ainda vai voltar neste livro — do debate entre Luiza Erundina e Celso Pitta. Ela roeu a corda com a Band e foi para o debate na Globo. Pitta cumpriu o compromisso e compareceu, no dia e hora marcados, para debater na Band. Acabou dando uma entrevista. Tudo combinado e cumprido por quem dava as cartas ali: Paulo Maluf. Era um Maluf sem truques naquele episódio. Uma exceção.

Ao relembrar o corpo a corpo com Maluf naquela véspera de debate com Mário Covas, mexe com a minha memória outro episódio com ele, este em Paris, em junho de 2003. Ele havia sido detido por policiais franceses numa agência do Crédit Agricole, onde tinha um depósito suspeito de cerca de 1,5 milhão de euros, e levado para um interrogatório de quase cinco horas numa unidade de investigação. Passado o aperto — que evoluiria para conhecidas condenações lá e no Brasil — Paulo Maluf voltou para o seu hotel, o luxuoso Plaza Athenée, na Champs Elysées, onde sempre se hospedava com a esposa.

Tentei uma incerta. Liguei do Brasil para o hotel e cheguei ao Maluf.

— Meu caro, Metre ... (ele sempre pronunciou esse "e") ... como vai?

— Doutor Paulo, passeando bastante aí?

— Muito, muito, cidade linda.

— O senhor esteve numa delegacia hoje?

— Alô, alô... Metre? Está picotando...

— Paris continua maravilhosa?

— Sim, sempre… maravilhosa.

— Como foi o seu depoimento?

— Picotando … Metre?

— Os depósitos estão no seu nome?

— …

Não adiantava insistir. Pelo menos, tentei. Mesmo assim, publiquei esse quase diálogo — que aqui resumi — na coluna que escrevia para o Jornal da Tarde. Fez sucesso. Ele não quis falar por telefone, mas naquele dia ou no seguinte, se rendeu: deu entrevistas, em Paris, se defendendo.

E, numa outra ocasião, também de Paris, falou com o âncora da Band, José Luís Datena, que conseguiu, com seu humor, uma entrevista hilariante. Maluf, que acabava de sair de outra detenção, passando por interrogatório, se esquivava das perguntas, mas tentando ser amigável:

— Datena, você precisa vir passear aqui. É ótimo.

— Sei não, hein Doutor Paulo? Estão prendendo gente aí…

O fato é que, com todos os seus truques, ou suspeitas de truques em tantas circunstâncias, organizar um debate dependendo da participação de Paulo Maluf é sempre um desafio à parte.

Foi o que comprovei e senti nas vésperas daquele debate com Covas.

O tempo era curto e, embora considerasse grande a hipótese de blefe, decidi não conviver mais com aquela angustia.

Passei a pergunta para o candidato, por telefone. E, um minuto depois, já estava eu ligando para o seu adversário.

— Mário, anote aí a pergunta que abre o debate. Acabei de passar para o Maluf.

Até hoje acho que seria muito pequena a possibilidade de ausência, no primeiro debate de um segundo turno como aquele, do candidato Paulo Maluf. O desgaste seria muito grande, para ele, considerando a expectativa já criada em torno do grande evento.

Debate na Veia

E mesmo porque não se tratava de um candidato do tipo fujão, embora capaz de qualquer — digamos muita — coisa numa campanha eleitoral. Acabei optando pela aversão ao risco. Se Maluf veio com um truque, respondi com outro. Um tanto elementar, é verdade.

Em muitas outras ocasiões, com candidatos dos mais variados estilos e comportamentos, detectei o que chamo de malandragens de ocasião. Algumas simples, outras nem tanto.

Pensei, nesse caso com Maluf, até na sempre citada "ética da responsabilidade de Max Weber", numa versão para conversa de botequim: quem não estiver disposto a fazer um pacto com o diabo, que se afaste da articulação de um debate de políticos.

Naquele caso, eu poderia me consolar com a justificativa de que enganei o diabo, mas reconhecendo que isso não significa que não tenha feito um pacto com ele.

De concreto mesmo, o que se pode afirmar é que Paulo Maluf se estrepou naquele confronto com Mário Covas.

08

Bolsonaro erra o alvo

Difícil imaginar uma atitude mais arriscada de um candidato durante um debate do que a de reagir com agressividade a uma pergunta de jornalista, em vez de simplesmente responder, como seria o seu papel.

Pior ainda, se a pergunta for objetiva, bem estruturada e baseada num tema de interesse público.

Ainda pior, se essa pergunta é feita por uma jornalista, uma mulher cumprindo sua obrigação profissional num país onde o machismo estrutural, com raízes profundas na sua história, já é combatida por forças vigorosas, crescentes e mobilizadas, com presença significativa nas campanhas eleitorais.

Esse erro elementar foi cometido no primeiro debate do segundo turno, na Band, pelo candidato e presidente Jair Bolsonaro, diante da pergunta da jornalista Vera Magalhães, representando a TV Cultura.

A reação do presidente, deixando a pergunta de lado e questionando a jornalista, foi o seu pior momento no debate, que repercutiu na campanha, claro.

Erro, não só elementar, considerando a atitude em si de um candidato num debate, mas também gratuito ou inconsequente, considerando o conteúdo da pergunta. Uma pergunta comum, de um tema mais do que presente na campanha e já feita ao presidente. Falava do atraso nos programas de vacina e perguntava sobre a discutida e mais do que divulgada atitude do presidente prejudicando o combate à pandemia de Covid.

A pergunta, por ordem de sorteio, foi dirigida primeiro ao

Debate na Veia 35

candidato Ciro Gomes para que, depois, Bolsonaro comentasse a resposta.

A reação do presidente foi provocada pela parte final da pergunta.

— A desinformação sobre a vacina, difundida inclusive pelo presidente da República, poderia ter contribuído, além de agravar a pandemia e aumentar as mortes, para desacreditar a população quanto à eficácia das vacinas?

Deixando de lado a resposta de Ciro, Bolsonaro, quando chegou sua vez de falar, foi logo atacando a jornalista, em vez de se ocupar objetivamente da pergunta que o incomodou e que, na verdade, já andava pelo noticiário há tempos.

— Vera, eu não esperava outra coisa de você, você deve sonhar comigo todas as noites, você deve ter alguma paixão por mim. Você não pode tomar partido num debate como esse. Fazer acusações mentirosas a meu respeito, você é uma vergonha para o jornalismo...

O resultado foi que o presidente, além das dificuldades e desafios que qualquer candidato enfrenta num debate, construiu para si mais um problema, que acabou sendo o seu pior momento naquela noite.

E com consequências na campanha, já que Vera Magalhães, jornalista respeitada, recebeu apoio e solidariedade, não só de colegas, mas de setores vários da sociedade, principalmente de mulheres.

Uma simples resposta de Bolsonaro, mais ou menos objetiva, mesmo se não fosse convincente, teria sido a melhor opção para um candidato em debate.

Já no segundo turno, no primeiro debate com Lula, na Band, Bolsonaro foi cuidadoso, quando perguntado pela mesma jornalista. Procurou até ser simpático com ela. Como comportamento, bem melhor do que a péssima atitude do primeiro debate. Mas não superou o desgaste.

O jornalista Tayguara Ribeiro, da Folha de S. Paulo, ao perguntar sobre a precariedade do ensino na escola básica, durante a pandemia, levantou a questão da desigualdade, que se acentuava entre meninos brancos e negros. As respostas de Bolsonaro e Lula, defendendo suas políticas educacionais, acabaram deixando de fora o gravíssimo problema dessas diferenças. É o tema fundamental da desigualdade entre brancos e negros, que já se dramatiza na escola e só piora na vida adulta, na realidade cruel do racismo estrutural. Uma boa oportunidade para a discussão da questão racial no Brasil, que foi desperdiçada. Os debates ficaram devendo isso.

09

JÂNIO APOPLÉTICO

Não há jornalista que não tenha passado por algum momento constrangedor, inquietante, desconcertante ou revoltante — sobram adjetivos aqui — ou até mesmo simplesmente folclórico, durante uma entrevista. São momentos que os colegas não esquecem. Nem eu.

Entre tantos e tão variados políticos que coloquei em debates eleitorais, faltou um. Tenho esta frustração: não tive oportunidade de produzir um debate que contasse com a participação de Jânio Quadros.

Quanto mais revejo cenas de um confronto em São Paulo, na Band, entre Jânio Quadros e Franco Montoro, maior é a minha frustração.

— O senhor vem de citar as Escrituras, valendo-se de Asmodeus ou do próprio Satanás, dizia Jânio a Montoro, que acabara de citar Carlos Lacerda.

E eis aí outro personagem que eu gostaria muito de ter recebido em algum debate que produzi.

Mas aqui interrompo o capítulo das frustrações, consolando-me com uma entrevista que fiz com o ex-presidente Jânio Quadros, quando completava 25 anos de sua renúncia à Presidência da República, capa de uma boa revista, a "Afinal", que viveu tão pouco que não teve tempo de crescer.

Comecei a entrevista fazendo logo de cara a famosa pergunta que não queria calar.

— Presidente, por que o senhor renunciou?

Não sei se ele se assustou com a pergunta feita daquele

jeito, sem qualquer introdução, mas lembro que arregalou os dois grandes olhos e respondeu, talvez da maneira mais sincera até então, à pergunta que todo o país ainda fazia.

— ... quando me dispus a realizar a obra (do governo) o Congresso Nacional ... passou a intimar meus ministros, no arrepio da lei. E corria no plenário que minha própria esposa seria intimada ... me vi à frente da alternativa: renunciava ou dava um golpe de Estado.

Vi que o assunto ainda renderia, já que Jânio se mostrava disposto a falar. Mas teria que recorrer ao mesmo Asmodeus citado no debate com Montoro.

E, ao citar Carlos Lacerda, que havia denunciado a renúncia como tentativa de golpe de Jânio, a reação veio com a fúria conhecida.

Esbravejava que Carlos Lacerda era o inspirador daquele Congresso, que inviabilizava seu governo. E insistia, ao mesmo tempo, na mediocridade do Congresso. Mas a entrevista também ficou inviabilizada, quando perguntei:

— Em vez de enfrentar um Congresso medíocre, o senhor renuncia?

Apoplético, Jânio me expulsou da casa dele, onde fazíamos a entrevista:

— Mas que tolice o senhor está dizendo. Que tolice...

Claro que me retirei satisfeito, com a boa entrevista, talvez a melhor sobre a renúncia de Jânio Quadros.

Centrei minhas lembranças aqui, conferidas na revista, apenas em alguns momentos mais quentes da minha participação, mas a entrevista contou também com os excelentes jornalistas Carmo Chagas e Waldyr Sanchez.

Para encerrar o capítulo, lembro mais um momento hilariante do duelo particular que tive, naquela entrevista, com Jânio, que, na época, já cuidava de sua candidatura à prefeitura de São Paulo e queria o apoio do PDS.

Debate na Veia 39

Eu dizia que ele não tinha o apoio do líder, Marco Maciel, mais tarde vice do presidente Fernando Henrique, derrotado pelo mesmo Jânio naquela eleição paulista. Ele garantia que já tinha o apoio pessoal de Marco Maciel, mas, para desmenti-lo, lembrei um programa na tevê, "há alguns dias atrás", em que o tal apoio não se confirmava. Acuado, ele respondeu:

— Não precisa do atrás, "há alguns dias" só pode ser atrás.

E completou imperioso:

— O senhor fale bom português comigo.

Esse era o Jânio, personagem que não tive em nenhum dos debates que produzi ou ajudei a produzir.

Costumo imaginar como teria sido um debate — e como eu teria adaptado as regras — entre Jânio Quadros e Fernando Henrique, um choque entre um líder carismático performático e um típico modelo de político racional.

Um certo espírito de atrevimento exibido por Fernando Henrique (ainda não era FHC), em alguns momentos daquela campanha, teria valorizado o debate que não houve.

Ficou famosa uma foto do candidato, às vésperas da eleição, já sentado na cadeira de prefeito. Alguns dias depois, uma outra foto ganhava mais destaque: era de Jânio, o eleito, desinfetando a mesma cadeira, onde se sentaria.

Muito se criticou FHC pela imprudência de posar para aquela foto. Mas as críticas seriam bem mais rigorosas, se tivesse sido publicada uma outra foto. Muito mais ousada, exibindo um Fernando Henrique muito mais imprudente — o que, na verdade, nunca foi uma característica dele.

Imagine uma capa de revista mostrando um sorridente Fernando Henrique partindo uma vassoura, símbolo do adversário derrotado. Podemos também imaginar essa mesma foto na capa da revista, depois de Fernando Henrique derrotado e o homem da vassoura vitorioso.

Mas o fato é que eu, diretor da revista, a mesma "Afinal" daquela entrevista com Jânio, tinha mandado fazer essas fotos, garantindo que nenhuma seria publicada, se ele perdesse as eleições.

E, assim, no dia seguinte ao da derrota, Fernando Henrique recebia um envelope com as fotos reveladas e seus negativos. Deve ter queimado tudo.

Antes de mandar o material para ele, fiquei um bom tempo olhando aquelas fotos e imaginando a capa que faria com uma delas. Cheguei até a escolher a melhor. Mas o melhor mesmo é esquecer essas fotos e voltar aos debates, onde vou reencontrar o mesmo Fernando Henrique, com mais experiência, certamente. Depois ainda passo por alguns episódios com Jânio Quadros. (Acho que vai valer a pena.)

10

Vai e vem nos debates

Há alguns assuntos que entram e saem dos debates, transitando pelos discursos de candidatos e perguntas de jornalistas, ao longo de muitas e variadas campanhas eleitorais. E sem nenhuma consequência.

No tempo em que eu ainda participava dos debates, minhas perguntas frequentavam alguns desses temas. Não sei quantas vezes perguntei por uma reforma administrativa. Sobre a tributária, a mesma coisa. Cheguei a me debruçar sobre alguns projetos para provocar, com maior base técnica, os candidatos em debate. Mas a minha obsessão maior andou pelo tema da reforma política, por muito tempo. Ainda anda.

Foi sobre ela a minha pergunta ao candidato Fernando Henrique, no debate presidencial do primeiro turno, na Band, na eleição de 1994.

Resposta brilhante, como sempre acontece, quando Fernando Henrique reflete sobre um tema político. Defendeu, naturalmente, a reforma, como promessa de campanha. Mas ficou nisso.

No poder, FHC fugiu do assunto, que sempre foi, de fato, um grande desafio.

Cobrei dele em algumas entrevistas, até no final do último mandato, quando ouvi uma resposta que pode ser entendida como chocante.

— Por que, afinal, o senhor não fez a reforma política?
— Porque eu iria a nocaute.

A resposta assim, nua e crua, até me espantou. Mas vi claramente que era quase ingenuidade imaginar que um presidente iria, facilmente, se desgastar com aliados e velhos amigos, se metendo numa reforma dessas.

Na verdade, estamos dependendo, para mudar o sistema, exatamente daqueles que se nutrem dele.

Mais tarde, Fernando Henrique lançou um livro com o social-democrata português Mário Soares, uma conversa entre os dois — "Diálogo em Português" — em que ele dizia que, se pudesse voltar no tempo, começaria seu governo pela reforma política. Tive dificuldades em acreditar.

Mas acredito que ninguém melhor do que ele entendeu as dificuldades do nosso sistema partidário e a necessidade de mudança, acrescentando-se aí os novos desafios para a representação política numa sociedade em rede.

11

Ninguém ganhava do Real

Reconheci logo a voz do ministro da Economia, Fernando Henrique Cardoso, naquele telefonema, cedo demais para o gosto e os hábitos dele e meus.

Mas o assunto justificava qualquer perda de sono. Era o nascimento da URV, no início de março de 1994, que mudaria a vida do país e do próprio ministro.

— ... te espero amanhã em Brasília, estou convidando alguns jornalistas.

É claro que, de alguma coisa, já se sabia. A inflação não dava tréguas e exigia ação. Mas qual?

— Temos boas novidades, ministro?

Não quis conversar muito, falava apressado, repetiu o convite e se despediu.

No dia seguinte em Brasília, no Ministério, encontrei, já sentados em volta da mesa, Fernando Henrique, vários de seus assessores, entre eles Pérsio Arida e André Lara Resende. E alguns poucos jornalistas convidados. A palavra foi dada ao Pérsio.

Eu me lembro de estar ao lado de Augusto Nunes do Jornal do Brasil e Alberico Souza Cruz da Globo, de frente para o Aloísio Maranhão do Estado de S. Paulo, mas me lembro mesmo foi do entusiasmo que me vinha, aos poucos, quando comecei a entender a URV. Confesso que, no começo, Pérsio falava sânscrito. Demorei até que a luzinha acendeu. Aí clareou muito e comecei a entender demais.

Pelo menos, foi o que ouvi quando descia no elevador com Fernando Henrique, o colega Alberico e Pérsio Arida. Eu falei, então, com o futuro FHC (que ainda não tinha virado fórmula química).

— Tem tudo para dar certo, hein, ministro?

— Vai...

— E bate direto na eleição...

— Bobagem, você está vendo demais, vamos concentrar na inflação.

A ideia brilhante da URV, preparando e lançando o real mais o lugar comum do ministro, negando cinicamente pretensões eleitorais, formavam o quadro óbvio da candidatura nascente.

Com o dinheiro voltando a valer no bolso do consumidor, Fernando Henrique deitou e rolou naquela campanha. Tendo a dizer que nunca foi tão fácil para um candidato.

O debate da Band a pouco mais de 40 dias da votação no primeiro turno, mostrou um candidato já falando quase como presidente.

Foi um debate tranquilo, muito diferente do show de 1989 e com um dos seus defeitos: a má ideia (minha) de colocar pedidos de aparte de candidatos.

Foi uma experiência que adotei nos primeiros debates, não deu certo, apenas dispersou a discussão, e que, depois de 1994, ficou esquecida.

Naquela época, tinha ocorrido uma rápida volta minha à direção do Jornal da Tarde, mas sem interromper os comentários políticos que fazia na Band nem as minhas participações em debate. Saí mas fiquei. Até cheguei a produzir um debate estadual Band-JT

Participando da equipe de jornalistas, que faziam perguntas, naquele debate presidencial de 1994, eu observava, ali da bancada, os detalhes nas reações e iniciativas dos candidatos e

Debate na Veia 45

previa facilmente o vencedor. A força do real demolia as chances dos adversários. Poderia ter sido no segundo turno. Mas nem isso foi.

Vale conferir a confiança nas considerações finais do candidato Fernando Henrique.

— Acho que o debate mostrou outra vez a grande convergência no Brasil sobre os problemas a serem enfrentados. Um ficou um pouco obscurecido, que é a questão econômica. Tem que haver estabilidade na economia, acabar com a inflação. Acho que esse é o forte na minha apresentação porque nós fizemos. Mas isso não basta, tem que fazer o resto. Isso é só o começo. E sobre o resto todo mundo diz a mesma coisa: saúde, educação, transporte... vão repetir isso infinitamente. Não adianta ... Tem que saber fazer.

Ganhou no primeiro turno com quase 35 milhões de votos. Daquele debate, na Band, com Lula, Brizola e outros, a conclusão que se podia tirar era única e clara: ali não tinha para mais ninguém.

12

Minha grande frustração

Ao descrever alguns embates que tive com Jânio Quadros, que chegou a interromper uma entrevista, me expulsando do local, furioso com uma pergunta sobre a renúncia, não quero omitir um fato, no mínimo, curioso. Alguns meses depois da campanha municipal, que ele venceu, e durante muitos anos, fomos vizinhos.

Morávamos lado a lado. Ele com dona Eloá e o neto Jânio, numa casa enorme, muito alta, estilo colonial, cercada de grades que chamavam a atenção. E eu com minha família numa casa bem menor e mais baixa do que a dele, o que lhe permitia, olhando lá de cima, quando abria a janela de seu quarto, ver todo o pequeno gramado, onde meu filho costumava chutar bola depois de voltar da escola ou brincar com a irmã, entretidos os dois com um porquinho da Índia que tínhamos em casa. Foi o que chamou a atenção de Jânio.

Fascinado com animais, criando cachorros em casa com zelo exemplar, Jânio se interessou pelo porquinho. Cheguei a ouvir do meu quarto, que dava para o dele, separados apenas pelo gramado, o diálogo entre um ex-presidente da República e, então, prefeito de São Paulo e um menino de 6 anos. De uma pergunta de Jânio eu me lembro bem:

— O que é que o bichinho come?

Numa manhã, bem cedo ainda, acordei com um barulho de máquina no jardim da casa do vizinho. Tinha trabalhado até tarde, já como diretor de jornalismo da Band, e reclamei

Debate na Veia 47

com um funcionário que usava a máquina. Algo como "não é cedo demais para esse barulho?" E voltei para a cama. O barulho cessou por um tempo. Não ouvi mais quando voltou ou se voltou.

Mas, à tarde, o chefe da segurança do prefeito tocou a campainha da minha casa e deixou um envelope lá. Quando voltei do trabalho, vi aquilo, abri e lá estava a ironia: uma cópia da Lei do Silêncio, marcada em alguns pontos para provar que o barulho da casa do prefeito era legal.

No sábado seguinte, eu trocava uns passes no pequeno gramado com meu filho, quando o ex-presidente abre a janela de seu quarto e, num gesto um tanto teatral, como era de seu gosto, pergunta:

— Vizinho, o que é que você tem contra mim?

— Nada, presidente, não tenho nada...

— Não foi o que me disseram.

— Ah, deve ser o caso do barulho. Eu pedi ao operário no seu jardim para interromper o barulho ...

— Era muito alto esse tal barulho?

— Sim, eu disse que aquilo podia acordar o senhor. Mas ele me respondeu que o senhor já havia acordado e estava na prefeitura trabalhando. Aí eu fiquei tranquilo.

— Ah, o senhor ficou tranquilo. Isso me tranquiliza também. Obrigado, vizinho, disponha de mim quando quiser.

Terminado o pequeno festival de cinismo, ele fechou a janela num segundo gesto teatral.

Naquela semana, Jânio tomou uma das mais surreais decisões de sua vida pública. Proibiu os gays de participarem do balé municipal. E deu uma entrevista absolutamente absurda.

Eu me lembro da pergunta de um jornalista que criticava a decisão e teve que ouvir isto:

— O senhor gostaria de ser colhido por um desses bailarinos e beijado na boca com sofreguidão?

Depois, diante dos repórteres perplexos, deu alguns passos numa espécie de ensaio de desfile imitando o que seriam os gays bailarinos.

Eu vi a matéria editada, meio rápida, e fui conferir o copião, a íntegra, na ilha de edição. Claro que mandei refazer a matéria, aumentando o tempo de duração, dando tudo aquilo.

Não sei se o prefeito se arrependeu da performance ou se viu algum problema ou ofensa na edição da matéria. À noite, depois do jornal, ligou para a redação esbravejando. Rimos muito daquilo.

Até hoje não sei se Jânio, em algum momento, entendeu que o vizinho dele, o jornalista expulso da entrevista e o responsável pela edição da matéria do balé municipal eram a mesma pessoa.

Eu, naqueles contatos com o ex-presidente, ia confirmando o veredito do ex-ministro Afonso Arinos: o Jânio é a UDN de porre.

Por tudo isso é que nunca me abandonou a frustração de não ter produzido um debate com a participação de Jânio Quadros. E, ao voltar ao assunto, assumo a obsessão. Fico imaginando os adversários, além de Fernando Henrique, naquela eleição em São Paulo. E viajo até outros tempos, chegando à cena mais improvável: Jânio no estúdio contra o marechal Lott. Seria um massacre, pobre marechal.

Em outro capítulo deste livro cogitei de Jânio contra Carlos Lacerda. Este sim, teria sido o debate dos sonhos de qualquer diretor de televisão.

Mas, encerrando o capítulo do Jânio, voltemos aos debates de verdade.

Debate na Veia 49

13

Como enfrentar esta lei

Há um choque permanente, nos anos eleitorais, entre os critérios jornalísticos e as exigências da legislação eleitoral. Uma espécie de conflito continuado, durante a vigência da lei, em que o jornalismo, geralmente, perde feio.

Perde, por exemplo, quando aparece num debate um candidato desconhecido, com zero nas pesquisas de intenção de voto e — o que é pior — disposto, muitas vezes, a atuar para favorecer um outro candidato, prejudicando os demais. E o que é pior ainda: cumprindo um acordo que não tem nada a ver com política, mas com outras vantagens.

Isso pode acontecer, dentro da legislação, e não é raro que aconteça. As condições são dadas, quando um partido com cinco deputados na Câmara Federal lança um candidato à presidência, por exemplo. Logo o público verá, nos debates, um candidato desses provocando ruídos no que deveria ser um saudável conflito de programas e ideias para facilitar a escolha do eleitor.

É a oportunidade perfeita para um político de má fé negociar com outro candidato mais forte — e do mesmo discutível nível moral — seu apoio estratégico através de uma participação combinada num debate.

Nem sempre, também é preciso dizer, uma combinação entre dois candidatos, acertando estratégias para um debate, é, necessariamente, venal. Pode ser também por alguma afinidade mesmo política, ou ideológica, que levaria, depois, um a se unir ao outro abertamente no segundo turno. E há ainda os casos do candidato desconhecido, com zero nas pesquisas, que veja no debate uma oportunidade de se lançar nacionalmente, se a campanha é presidencial, ou no seu Estado ou mesmo no Município. Bem mais legítimo e justificável.

Mas a justificativa não reduz o ruído ou a perturbação que um candidato sem chances e mesmo desconhecido provoca num debate. É um corpo estranho que desce ali no estúdio para atrapalhar. Às vezes, aparece uma figura folclórica que chega a divertir a plateia. Pode até amenizar o ambiente, mas não prejudica menos o debate.

Já trabalhei muito para evitar esse problema e, algumas vezes, com sucesso, conseguindo convencer o partido a deixar seu candidato fora do debate em troca de outros espaços para entrevistas. Mas noto, nos últimos anos, que meus argumentos têm sido cada vez menos convincentes. O político anônimo, que, num belo dia, se vê com direito de participar de um debate, tem preferido ficar com seus 15 minutos de notoriedade.

14

Chão escorregadio no debate

Na campanha de 1989, houve um momento em que o candidato liberal Guilherme Afif, jovem, bom comunicador, começou a subir nas pesquisas, chegando a 17 pontos e dando sinais de que cresceria mais. E aí?

Aí, ele foi para o debate na Band. Era o terceiro dos quatro produzidos pela emissora, que realizou a melhor e mais consistente cobertura na tevê daquela campanha eleitoral.

Estavam lá naquele debate, comandado brilhantemente pela jornalista Marília Gabriela, o mesmo desfile democrático dos encontros anteriores, Mário Covas, Leonel Brizola, Afif Domingos, Luiz Inácio Lula da Silva, Aureliano Chaves, Ulisses Guimarães, Ronaldo Caiado, Paulo Maluf, Afonso Camargo...

Fernando Collor, sempre convidado e esperado, não chegava. Nunca chegou. Só participou dos debates em pool do segundo turno.

Começava a ficar claro que a disputa ali — ou a dúvida dramatizada naquele debate — era uma só: quem, no segundo turno, enfrentaria Collor, que já ia longe nas pesquisas. Afif continuaria crescendo?

Não. Não mais, depois daquele debate. Sua ascensão foi interrompida ali por Mário Covas. Num embate direto entre os dois, Covas, bem posicionado em primeiro plano e, tendo Afif Domingos ao fundo, um tanto encolhido diante das câmeras, começou a ler uma série de projetos de interesse popular que o adversário não tinha apoiado. Teria votado contra.

Aquilo abalou definitivamente a candidatura de Afif, que debitou aquele efeito na conta da edição exibida no horário eleitoral de Covas. Mas o fato é que se perdeu ali a possibilidade de disputar o segundo turno um candidato liberal, comunicador eficiente, com um bom discurso de campanha. Conversamos, depois, sobre o episódio e achei que ele tinha a convicção de que a cena com Covas tirou sua presidência. Talvez tivesse razão.

15

Emoção: desfile democrático

Ao lado dos célebres embates entre Brizola e Maluf, dos arranhões ideológicos entre o comunista Roberto Freire e o ruralista Ronaldo Caiado, além da pregação democrática emocionada do dr. Ulisses e o novo trabalhismo de Lula, insistindo na distribuição de renda, aquele episódio entre Covas e Afif se inclui no painel de eventos na Band de conteúdo mais significativo naquela fase da campanha no Brasil.

Quando chegamos ao nosso quarto e último debate no primeiro turno — uma espécie de capítulo final da primeira fase daquela campanha de 1989 — já haviam se acumulado no estúdio da Band riquíssimos e intensos confrontos políticos. Teve de tudo ali, inclusive momentos de grande emoção, como teria que acontecer num ano eleitoral aberto e democrático, depois de 20 anos de ditadura.

Não há como não se emocionar ainda hoje, quando vem à memória a cena histórica daquele julho de 1989, nos estúdios e na tela da Band: o desfile inédito de todas as ideias e bandeiras ideológicas, o primeiro, na televisão, da vida política do país.

Lá estavam, desde o candidato liberal, lado a lado com o comunista, antes banido do país, ou com o jovem líder sindical, quanto o candidato da conservadora UDR ou o próprio vice-presidente do último governo militar, ao lado do aplaudido presidente da Constituinte, de frente para o líder populista que viveu anos no exílio, agora ao lado de um apoiador da ditadura e de um social-democrata. Todas as ideias e projetos em saudável conflito, no primeiro debate da história do Brasil entre candidatos à Presidência da República.

Chegava finalmente a hora das fotos, das imagens, das manchetes, sonhadas durante os episódios de esperança frustrada na Jornada das Diretas, cinco anos antes.

16

Cuidado: militares de olho

Antes de 1989, ano da eleição presidencial, que empolgou o país, depois de 20 anos de ditadura, aconteceu o que poderia ter sido o primeiro debate na tevê entre dois candidatos à presidência da República.

O ambiente pré-eleitoral começava a tomar forma e espaço na mídia. As lideranças já se mexiam, mas a desconfiança em relação aos quartéis ainda era uma preocupação. Também era claro que, de lá, dos quartéis, a desconfiança em relação a alguns possíveis candidatos dava seus sinais.

O nome que mais provocava reações entre militares? Não havia dúvida: Brizola, o agitado cunhado de João Goulart, o governador gaúcho que liderou a Rádio da Legalidade contra o golpe depois da renúncia de Jânio, garantindo a posse do vice, o mesmo Goulart, que depois seria derrubado em 64.

Era ele mesmo, Leonel de Moura Brizola, o mais visado pelos militares, desde o dia em que pisou em território brasileiro, voltando de um longo exílio. E não por acaso era ele um dos dois convidados para aquele debate em 1988. O outro era Franco Montoro, ex-governador paulista e, na época, senador — que, depois, não concorreu à presidência.

O evento, com o cenário montado no estúdio principal da Band, teria também a participação da TV Gazeta, que havia tomado a iniciativa daquele programa.

Mas o debate — que seria apresentado como um conflito entre dois programas ou ideias de governo para o país — foi transformado, de última hora, em confronto entre dois sistemas de governo: presidencialismo contra parlamentarismo.

No estúdio da Band, depois do debate, conversei um longo tempo com Brizola sobre o problema. Ele estava, de fato, preocupado com setores militares. E prolongava a conversa.

— Eles não me engooolen, dizia ele encompridando a palavra.

— Mas, governador, era mesmo o caso de disfarçar o debate com sistemas de governo?

— Siiim, tinha que ser isso meeesmo, cantava Brizola, enquanto gesticulava com a mão direita segurando os óculos.

Eu já planejava a cobertura eleitoral do ano seguinte e comentei com ele, até com ar de brincadeira.

— Vamos precisar, então, de muita paciência até o ano que vem.

— Costeaaando o alambrado…, ele completou, quando ouvi, pela primeira vez, essa expressão que repetiria muitas vezes ainda em tantas entrevistas que fiz com ele.

O fato é que a decisão de transformar aquele debate num programa sobre sistemas de governo, como propuseram os dois participantes, era uma evidência de que ainda se considerava algum perigo de retrocesso.

Sempre achei que era um exagero, embora o destemido Leonel Brizola, que era o alvo de desconfiança de militares, levasse aquilo a sério. Ele me parecia convencido de que, naquele momento, não faltavam forças dispostas a impedir sua eleição para presidente. Não achava prudente ainda se apresentar ostensivamente como candidato.

Franco Montoro, que havia concordado com a cuidadosa mudança da pauta do debate, acabou demonstrando, naquela noite, alguns momentos de ousadia, que fizeram sucesso na plateia.

— Se os militares quiserem ajudar o Brasil, que fiquem nos quartéis.

Debate na Veia 57

A declaração de Montoro, entre palmas prolongadas, chegou a deixar apreensivos alguns de seus apoiadores mais inseguros com o clima militar.

Apreensão, na verdade, não faltava ali no estúdio, refletindo uma certa insegurança, que persistia, naquele momento, em vários setores da sociedade. A reabertura caminhava, a democracia se fortalecia como bandeira da grande maioria dos brasileiros, mas alguma desconfiança saltava aos olhos, principalmente sobre a reação dos militares, já tendo no horizonte as eleições presidenciais.

Brizola parecia muito afetado por aquele ambiente ainda inseguro. Não tinha mesmo dúvidas de que sua história provocava temores e inconformismos nos quartéis, enquanto tomava corpo a candidatura à presidência.[4]

Naquela época, eu cheguei a pensar em gravar um depoimento de Brizola com todos os detalhes da história que tanto incomodava os que ele gostava de chamar de "filhotes da ditadura". Não foi possível naquelas circunstâncias.

Mais tarde, falamos algumas vezes sobre a ideia — já bastante amadurecida — mas tudo acabava em entrevistas normais, que foram muitas e boas. Mas sem o alcance de um depoimento histórico, como eu desejava.

Muitos anos depois, no intervalo de um Canal Livre, na

---

[4] O debate entre Brizola e Montoro ocorreu pouco tempo antes de a Constituinte decidir o tempo de mandato do então presidente Sarney, que ficou nos 5 anos, e o regime de Governo, o presidencialismo. A cogitação de eleições naquele ano de 1988, que tinha sido a preferência de Brizola, ainda era apoiada por grupos na Constituinte, mas já estava praticamente fora de questão. Os comandos militares haviam combatido claramente essa ideia. Tudo já apontava para 1989. Mas Brizola — que tinha chegado a defender eleições em 1987, antes de cogitar de 1988 — ainda sentia o clima pesado mesmo já considerando o ano seguinte, mostrando-se bastante cauteloso naquele momento. Desconfiava dos militares o tempo todo. E continuou assim enquanto viveu. No início do primeiro mandato de Lula, me disse que não descartava uma possibilidade de golpe. (N. do A.)

Band, ele finalmente fechou comigo a gravação do depoimento, com 40 anos de atraso, mas com o repertório intensamente enriquecido por eles. Fez ainda uma brincadeira, sempre prolongando o som de algumas palavras, como se quisesse ampliar seu significado.

— Não sei se não está cedo para esse depoimento. Não é melhor esperar a "branquiiinha" chegar mais perto?

Ele parecia estar se divertindo, ao se referir à morte daquele jeito.

— A branquinha vai demorar muito ainda, governador. Vamos gravar logo, estou esperando há tantos anos.

Ele mantinha o compromisso, mas ainda sem data. Mais tarde voltei a cobrar e ele já estava disposto a marcar a gravação.

— Me ligue para combinar e vamos fazer.

Não deu tempo. Em alguns dias, ele foi internado num hospital com problemas pulmonares e não saiu mais. Morreu aos 82 anos.

Cheguei, em algumas oportunidades, a conversar com ele, sempre rapidamente, sobre algumas passagens de sua história, que eu gostaria de desenvolver no depoimento. Mesmo porque se trata de história do Brasil.

Quando Jânio Quadros renunciou, no dia 25 de agosto de 1961, o vice João Goulart, que estava, por coincidência, na China, ganhou imediatamente uma oposição ferrenha no Brasil, principalmente na área militar.

É história mais do que sabida e divulgada que, enquanto Jango se preparava para voltar, a resistência à sua posse crescia e o governador gaúcho, o cunhado Brizola, organizou e comandou a Rádio da Legalidade.

Em pleno clima de guerra civil, no Brasil, Jango chegou ao Uruguai, onde, algum tempo depois, recebeu a visita de Tancredo Neves, um emérito conciliador.

E em pouco tempo, com aquele clima fervendo no país, Tancredo viajou de volta, indo diretamente para Brasília. Pas-

Debate na Veia 59

sou por cima, literalmente, do Rio Grande do Sul e de seu governador.

Eu sempre pesquisei esse episódio, buscando detalhes. Pude perguntar à pessoa certa.

— Muitos achavam que Tancredo faria uma parada em Porto Alegre para conversar com o senhor, já com o parlamentarismo acertado com o Jango.

— Sim, mas ele não teve coragem de descer em Porto Alegre.

— E se tivesse descido?

— Seria preso imediatamente.

— Nenhuma chance de conversa...

— Nenhuma, eu mandaria prender o Tancredo.

Ele abominava o acordo conduzido pelo mestre mineiro de adotar o parlamentarismo e garantir a posse de Jango. Não aceitava o que chamava de rendição, que durou até o plebiscito trazer de volta o presidencialismo. O golpe direitista esboçado naquele momento acabou executado em 1964. Aliás, ele já estava sendo ensaiado desde o suicídio de Getúlio, passando pela tentativa de impedir a posse de Juscelino, garantida pelo contragolpe comandado pelo Marechal Henrique Teixeira Lott.

Mas quando me lembro daquela conversa com Brizola, rápida e insuficiente, apenas alimento a minha frustração com o depoimento que não houve.

Não cheguei, por exemplo, a ouvir dele a avaliação de um episódio, em Minas, em que foi impedido de falar no auditório lotado da Secretaria de Saúde por grupos organizados numa operação de guerra.

Repórter com pouca experiência, cobri aquele evento, meio assustado com as cenas de violência. Me impressionou um senhor bem vestido, mal escondendo uma metralhadora sob a capa, muito parecido com o deputado federal integralista Abel Rafael Pinto. Fiquei mais impressionado quando fui apurar e vi que era ele mesmo.

Não me esqueço da cena: Leonel Brizola tentando falar

do alto da escada para o público que já estava do lado de fora do prédio, entre vaias e aplausos, levantava ao máximo a voz e, quando agitava os braços, o paletó se abria deixando aparecer o coldre preso na cintura, recheado por um revólver calibre 45.

Até hoje considero aquele episódio em Belo Horizonte como um dos sinais claros da disposição de alguns setores, já mobilizadas, da sociedade, de apoiar e atuar na derrubada do presidente João Goulart.

Não foi levada a sério uma denúncia feita, na época, pelo semanário de esquerda, "O Binômio", de que se preparava um atentado contra o Jango.

Neste final de ano de 2022, o assunto reaparece numa pesquisa de historiadores do nível de Heloisa Starling. É comprovada, então, aquela reportagem que ajudei a editar e que foi manchete no "Binômio", onde eu era chefe de reportagem, com direito ou obrigação de produzir matéria também.

São sinais ou até evidências, que na época não eram claros para muitos, de que o clima de golpe e o próprio golpe já estavam amadurecendo a passo de ganso, quando houve o comício de Jango, no dia 13 de março — o célebre comício da Central do Brasil — no Rio, com cobertura dos principais repórteres do Brasil, o que não excluía alguns pouco experientes, como eu.

Reforma agrária, nacionalização de refinarias, restrições à remessa de lucros, imposto sobre heranças, reforma urbana — a lista era grande — alimentavam os discursos que vinham daquele palanque, onde Brizola era um dos oradores mais vigorosos.

Tudo isso ainda estava bem presente na memória dos que derrubaram Jango em 1964 e que, em 1988, ainda temiam Brizola.

O ambiente no estúdio da Band, naquela noite, se ressentia desses efeitos, como comprovam os cuidados com as regras e as restrições de conteúdo do debate. Parlamentarismo versus presidencialismo.

Mas as apreensões se dissolveram na nova realidade de-

Debate na Veia 61

mocrática que se fortalecia e o ano de 1989 chegou com intensa movimentação política, tornando realidade o que a Jornada das Diretas, cinco anos antes, já exigia com as multidões lotando ruas e praças em todo o País.

Não me esqueço, no entanto, daquela atitude surpreendente de Brizola, no episódio do debate de 1988 com Franco Montoro. Nem me esqueço, também, de como ele, na saída estúdio, não escondia a preocupação com a oposição rancorosa que ele via com clareza, e que existia mesmo, nos quartéis, à sua candidatura. Mas justificava aquilo tudo?

Foi já perto da porta, quando parou para conversar comigo e com Fernando Barbosa Lima, que ele disparou o discurso interminável, insistindo no mesmo ponto. E eu via ali um dos líderes políticos mais ousados do seu tempo — e que sempre demonstrou coragem e determinação em várias circunstâncias, até descuidos e provocações perigosas — externando naquele momento, um ano antes da eleição, um excesso de cuidados que me impressionou. Volto a algumas outras partes esparsas que ainda guardo na memória.

— Eles estão de olho o tempo tooodo...

Repetia essa frase, justificando o temor ainda de se declarar objetivamente candidato. E continuava a falar.

— Se eu facilitar, eles e as outras forças reacionárias que ainda estão por aí, todas elas, compreende? ... tooodas elas virão em cima.

Fazendo esperar um grupo que iria com ele jantar num restaurante italiano, que atraia jornalistas, políticos e artistas até o fim da madrugada, o Giggeto, o ex-governador se alongava, num quase desabafo, sobre as hostilidades que via em torno de seus planos políticos.

— Se eu falar muito abertamente de candidatura agora ... huuumm... mexe com essa gente toda que não vai ficar quieta, compreende?

Este capítulo vai terminar antes de Brizola parar de falar. Ele continuava, ali no tumulto do estúdio, insistindo no "ódio dos militares e reacionários" que ainda via como ameaça perigosa. Parecia mesmo um sentimento de excessivo cuidado e prevenção — até no tom de voz com que se dirigia a nós. Um cuidado que pouco tinha a ver com ele e nada com o discurso que voltou a adotar, depois, na campanha. E, certamente, muito distante daquele depoimento histórico que, já no final de sua vida, desejei muito, propus, esperei e não consegui gravar com ele.

Passada aquela fase de preocupação excessiva, o candidato que surgiu em 1989 era de novo o ousado, corajoso e, muitas vezes, o provocador de sempre, como se comprovou em tantos episódios de sua história política.

17

Quase parlamentarismo

— O Brasil poderia ser parlamentarista, se aquele moço de São Paulo, aquele moço mal humorado, tivesse concordado em dar mais um ano de mandato para o Sarney. Estivemos perto...

Era uma espécie de desabafo do Senador Afonso Arinos, acomodado num sofá de sua invejável biblioteca, na casa em Botafogo, tomando um suave licor, compartilhado também por seus dois convidados: o jornalista José Augusto Ribeiro, diretor da Band no Rio e eu mesmo, diretor nacional. Saíamos da gravação de um programa.

O "moço mal humorado" era Mário Covas, o relator da Comissão Mista de senadores e deputados da Assembleia Constituinte de 1988. Segundo Afonso Arinos, o acordo político que tinha amplas possibilidades de prosperar, não andou porque o senador paulista "empacava" nos 5 anos de Sarney. E o senador se lamentava:

— O parlamentarismo no Brasil esteve ao alcance da mão...

O assunto andou quente naqueles tempos. Antes da Constituinte, a Comissão Afonso Arinos, formada por notáveis para preparar um pré-projeto, que serviria de roteiro de sugestões para a nova Constituição, agitou o ambiente político, levantou muita discussão na imprensa sobre parlamentarismo versus presidencialismo. E acabou propondo, na conclusão dos trabalhos, inspirados nas posições do seu comandante Afonso Arinos, o "sistema parlamentar de governo", que influenciou depois grande parte dos debates da Constituinte.

A Constituição, que dali saiu, veio com vários aspectos mais adequados ao parlamentarismo do que ao presidencialismo, que foi o sistema escolhido.

O debate entre Franco Montoro e Leonel Brizola, nos estúdios da Band, em 1988, transformado de última hora em confrontos de argumento sobre sistemas de governo, vinha numa atmosfera alimentada por essa intensa discussão, no país, que terminou com a vitória do parlamentarismo na Comissão Afonso Arinos, mas continuou na Constituinte e fora dela até a decisão final a favor do presidencialismo.

Naquela noite, na biblioteca de Afonso Arinos de Mello Franco, vi como chegamos perto de um sistema de governo muito mais eficiente e com mais qualidade política, a julgar pelas avaliações do velho senador parlamentarista.

Antes do fim da visita, Afonso Arinos nos guiou numa emocionante excursão pelos corredores da vasta biblioteca, entre estantes lotadas, parando diante dos livros que ele escolhia para comentar. Certamente, os de sua predileção, como os ensaios de Michel de Montaigne ("este meu mestre"), e as obras de Honoré de Balzac e Marcel Proust. Eu me lembro também de ver o senador folheando *A Democracia na América* de Tocqueville e apontando uma edição de *A Riqueza das Nações* de Adam Smith, além de outros clássicos do liberalismo.

Lá estava, no alto de uma estante, uma edição da encíclica *Mater et Magistra* de João XXIII, que, mais tarde, reencontrei citada e comentada no seu livro de memórias, *A Alma do Tempo*. "A Encíclica *Mater et Magistra* é historicamente mais fecunda que a *Rerum Novarum* de Leão XIII", escreve.

Um leitor menos atento à complexidade da visão política de Afonso Arinos pode se surpreender com o entusiasmo demonstrado por ele pela obra do "papa camponês" e sua mensagem de forte apelo social, bandeira da esquerda. Mas, se

Debate na Veia 65

avançar na leitura e chegar às últimas páginas do volume, vai se surpreender mais ainda, quando alcançar este trecho: "Posso dizer, como antimarxista que sou, que tenho enriquecido minha visão do Brasil com a leitura de Gramsci." O filósofo marxista italiano, Antônio Gramsci, tem uma presença forte no livro, o que não mudava a conhecida posição política de Afonso Arinos contra as ideias e militância de esquerda.

Mas o agradável passeio, naquela madrugada, pela biblioteca de Afonso Arinos foi acompanhado de preciosas observações sobre a superioridade política do parlamentarismo. Eu me lembrava delas, na noite do confronto na Band, quando o parlamentarista Montoro desafiava o adversário Brizola:

— Defendo um governo de programa...

Brizola respondia pausadamente, com aquele recurso ou hábito de prolongar alguma vogal, como se tentasse fortalecer o significado da palavra:

— Eu defendo um governo em que o presideeente é o responsável...

E por aí ia. Simplificando o tema, como a televisão e o telespectador costumam exigir.

18

Receita mineira para a política

Quando reproduzi, no capítulo anterior, a conversa com Brizola sobre o papel de Tancredo Neves na crise da renúncia de Jânio Quadros, que resultou naquele parlamentarismo de ocasião, acabei levado pela memória a outra cena com o mesmo mestre mineiro, 23 anos depois, num almoço no Palácio das Mangabeiras, em Belo Horizonte.

À mesa, numa agradável conversa com o governador, abrilhantada por pequenos e deliciosos pães de queijo que acompanhavam o café, ao final do almoço, chegou a hora da pergunta. Ou a hora que achei mais conveniente para fazer a pergunta.

— Governador, se não passar a emenda das diretas, o senhor seria o nome natural para disputar a presidência no Colégio Eleitoral ...

Tancredo, sempre muito delicado, me interrompeu:

— Não, meu filho, não se cogita disso, mesmo porque não faz o menor sentido. Caminhamos para as diretas com Ulysses Guimarães à frente.

Estavam também à mesa o diretor do Jornal da Tarde, Ruy Mesquita Filho e o editorialista José Márcio Mendonça. Um deles tentou insistir na pergunta que eu havia feito, mas Tancredo já queria mudar de assunto:

— Não se cogita mesmo disso...

Mais um ou dois pães de queijo com café, algumas histórias de Minas e, logo, estava eu voltando ao assunto:

— Governador, fico me perguntando se o melhor caminho não seria ir se preparando para o Colégio Eleitoral, enquanto ainda se luta pelas diretas.

— Pois pode se responder. Não há esse caminho.

Rimos do modo como ele respondeu e não insistimos mais no assunto, mesmo porque seria total perda de tempo.

Eu me lembro de ter feito mais uma pergunta, um tanto ociosa, já que a resposta era previsível:

— Governador, as manchetes ajudam ou atrapalham?

— Ah, atrapalham muito, meu filho. Às vezes estragam tudo.

E, sorrindo delicadamente, acrescentou;

— E algumas perguntas também.

Rimos todos, de novo, e o almoço terminou num clima agradável, como costumava acontecer nos encontros com Tancredo.

Despedimo-nos, tomamos nosso carro e saímos. Quando passávamos pelo portão, deixando as Mangabeiras, ia entrando, pelo outro lado, um carro escuro, grande, com um único passageiro, no banco de trás. Olhei bem e reconheci o ex-ministro Roberto Gusmão, velho e sabido articulador político. O que ele ia fazer ali?

Ora! Articular com Tancredo Neves a candidatura à presidência no Colégio Eleitoral.

Mais tarde, num programa, na TV Record, ancorado por Mino Carta, com participação de Cláudio Abramo e José Nêumanne Pinto, eu relembrei essa história, antes de fazer uma pergunta ao entrevistado Roberto Gusmão.

Ele parecia se divertir, ao confirmar a missão que já começava a desempenhar ali naquela tarde nas Mangabeiras.

Fiquei imaginando, e ainda imagino, como seria uma conversa tão íntima, certamente em voz baixa, entre aqueles dois. Outro ponto a forçar sempre a minha imaginação é uma provocação permanente, mas não só a mim. É ao país inteiro.

Como seria o Brasil, se Tancredo Neves tivesse subido vivo a rampa do Palácio e governado durante 5 anos.

Mas uma outra pergunta — e essa ditada pela minha obsessão de sempre — é como seria o desempenho de Tancredo Neves num debate presidencial. Antes que alguém responda que sua natureza não era de confronto, eu lembro o episódio no Congresso, na noite do golpe de 64, em que o presidente da mesa, Auro de Moura Andrade, anunciou a vacância da presidência da República, quando Jango ainda estava em território brasileiro. Uma voz se destacava gritando "canalha, canalha". Era a de Tancredo Neves. Cito também a madrugada de 24 de agosto de 1954: a última e dramática reunião de Getúlio Vargas com seus ministros, que iam, um a um, recuando diante do avanço golpista. Com uma exceção. Um dos ministros, o da Justiça, queria resistir e estava disposto a lutar. Ele dizia na reunião: "… temos essa oportunidade … de oferecer a vida por uma grande razão". Era também a de Tancredo Neves, aos 36 anos. Getúlio preferiu não resistir e acabou escolhendo o suicídio — o que atrasou dez anos o projeto do golpe, como avaliava Tancredo. Sem o suicídio de Vargas, 1964 já teria acontecido em 1954.

Não faltam episódios que ainda poderiam ser lembrados aqui, como os grandes duelos, na Câmara dos Deputados, de Tancredo contra a "fúria satânica" da UDN, que agredia a candidatura de Juscelino.

São alguns exemplos, entre muitos, que eu poderia alinhar agora, para juntar mais elementos do riquíssimo perfil do mineiro que tendo a considerar, como muitos consideram, o maior mestre da política brasileira no nosso tempo.

19

Metralhadora na plateia

"Nossas liberdades democráticas estão sob risco", dizia o lendário líder bancário Armando Ziller, ex-deputado pelo Partido Comunista e provocador permanente das crescentes alas golpistas de Minas, principalmente as senhoras das passeatas agitando o terço, quando ouviam dele a expressão "camarada Jesus Cristo", usual no discurso daquele comunista.

A conversa se deu no sindicato dos bancários, onde militava Armando Ziller, sob vigilância permanente dos agentes do DOPS, cada vez mais atuantes em Minas, nos dias que antecederam a marcha do general Mourão, a partir de Juiz de Fora, abrindo o caminho para a derrubada de Jango.

Ouvi o que o experiente Ziller dizia, naquela conversa no sindicato, o que se enquadrava perfeitamente nas pistas nada discretas da entrevista que eu havia feito com o líder ruralista Josafá Macedo naqueles momentos em que a democracia já estava nos estertores.

Os sinais todos estavam dados e, se havia alguma dúvida sobre a conspiração, a publicação da entrevista do líder ruralista no Correio de Minas, deixava tudo bastante claro.

Quando começaram as prisões e as movimentações de políticos, lideranças sindicais e estudantis, professores e jornalistas, além de outros engajados aos olhos do novo regime, que se formava, as análises e avaliações, obviamente, eram variadas e complexas, mas não havia lugar para surpresa.

O que posso dizer hoje sobre a perplexidade do foca, que

era eu, confirmando, no trabalho de cada dia, o rumo do processo que avançava, é que tive oportunidade de vivenciar tudo aquilo, com pouquíssimas condições intelectuais e profissionais para tanto.

Não alcancei muita coisa, na época, além dos fatos objetivos, na minha área sindical, que retratava em pequenas matérias diárias de pouco fôlego. E com muita simplicidade. Mas algum amadurecimento deve ter vindo.

O amadurecimento, ainda muito tímido, pode ter começado na Faculdade de Direito da UMG. Por lá, predominava um ambiente em que os estudantes, depois de desistir da pretensão da presidência da República, do Supremo Tribunal, de algum governo estadual ou mesmo de algum tribunal regional, acabavam se decidindo a dedicar sua vida à área trabalhista. À defesa do trabalhador, enfim.

— Jamais advogarei para qualquer patrão.

Essa era uma frase bastante comum no restaurante ou nos corredores da faculdade. Um dos colegas, que mais me impressionavam com essa convicção existencial, tornou-se um advogado brilhante, nadando de braçada em áreas como a trabalhista e a tributária, ganhando fortuna. Não me consta que tenha advogado para um único trabalhador.

Mas o fato é que o clima na faculdade — uma espécie de síntese da onda idealista nas universidades do país — se alimentava da intenção e da convicção dos jovens de que a defesa dos direitos trabalhistas era a mais nobre das áreas da advocacia.

Mal se discutiam, criticamente, as origens da CLT vindas da Carta del Lavoro de Mussolini ou se previam sinais da dimensão da intensa polêmica que surgiria depois sobre a legislação trabalhista, que, do jeito que estava, passou a ser desafiada diariamente pela realidade.

Totalmente imbuído daquele ideal, já no segundo ano da faculdade, caí numa redação de jornal. E fui logo designado como repórter setorista. O setor? Aquele mesmo, o sindical.

Debate na Veia 71

Em pouco tempo, me aproximei e ganhei a confiança das lideranças mais expressivas da área em Minas, como os deputados sindicalistas, o tecelão Sinval Bambirra e o mineiro Dazinho.

Mas, sejam quais fossem as razões — a falta de amadurecimento, entre elas — a aproximação com as lideranças acabou se excedendo.

As assembleias se multiplicavam. E eu lá, cobrindo todas. Numa delas, do sindicato dos trabalhadores da construção civil, com a presença de Sinval Bambirra, que era também Presidente do CGT mineiro, o repórter que devia se ater aos fatos na cobertura do evento e não participar de sua produção, perdeu totalmente o senso de limites.

Provocado pela ideia de alguém, um dos ocupantes da mesa que dirigia a assembleia — não me lembro quem —, aceitei uma sugestão inteiramente descabida.

— Aquela poesia, Mitre.

Eu concordei e, logo em seguida, estava eu, de pé, diante da assembleia, certamente em choque, me ouvindo declamar a plenos pulmões:

Era ele quem erguia casas
Onde antes só havia chão
E como um pássaro sem asas
Ele subia com as casas
Que lhe brotavam da mão.
(Etc etc etc...)

Esse poema de Vinicius de Moraes — feito de rima pobre e rica consistência humana — me fascinava, na época, e não poucas vezes eu irrompia atingindo alguém com alguns de seus versos. Um dos atingidos sugeriu aquela performance durante a assembleia. O que eu faria, se mais tarde, no comando de redação, algum repórter meu fizesse algo semelhante numa cobertura? Demitiria imediatamente o Infeliz. Mas sobrevivi.

A assembleia, afinal, não decidiu pela greve que estava em pauta. Encerrada, o deputado Sinval Bambirra se retirou para uma sala com alguns companheiros para falar com o deputado Leonel Brizola. Voltou preocupado.

Naqueles dias, estava marcada a famosa palestra, que não houve, do ex-governador gaúcho no grande salão da Secretaria de Saúde. Pela preocupação de Bambirra depois do telefonema, concluí que o próprio Brizola temia que o impedissem de falar. As forças golpistas, já bem organizadas em Minas, conseguiram sua retirada do anfiteatro, provocando para isso um intenso quebra-pau. Estava, na verdade, preparada até para mais do que isso, inclusive levando armas para o local como a metralhadora do deputado Abel Rafael já citada antes.

Nos estúdios da Band, naquela noite de junho de 1989, vinte e cinco anos depois, dia do primeiro debate da nossa história entre presidenciáveis, lá estava o ex-governador gaúcho, amadurecido por anos de exílio, praticamente iniciando a campanha para o que os golpistas antes e depois de 64 mais temiam: a cadeira de presidente ocupada por Leonel Brizola.

Debate na Veia 73

20

Um perigo chamado Lacerda

— Vocês nunca ouvirão falar de uma aliança minha com o doutor Juscelino.

Carlos Lacerda, no centro da mesa, ao lado do diretor da Faculdade de Direito da UMG, o golpista Alberto Deodato, falava para uma multidão de alunos, acotovelados num auditório insuficiente. Era o final do ano letivo de 1962 e o país já dava sinais claros de que estava dividido, com as forças anti-jango se movimentando, com maior ou menor discrição.

O brilhante Lacerda falava como seu grande porta-voz, concentrando a força da privilegiada oratória nos ataques ao governo, ainda poupando, naquele ambiente, a bandeira explícita do golpe.

Os alunos estavam eletrizados ou embevecidos (se arranjar adjetivo melhor, troco) e isso valia para todos eles, ou a maioria presente, independentemente da posição que tivessem sobre o orador.

Carlos Lacerda falando, arrasava. Inclusive a mim, que estava ali ouvindo, cada vez mais impressionado, aquele discurso poderoso — num tempo em que eu, estudante de Direito, ainda procurava estágio em alguma redação.

No final, os alunos inscritos para perguntar eram chamados ao microfone. Eu me lembro de um colega, que, ao ser chamado, gritou lá do meio da plateia.

— Eu desisto, obrigado.

O fato é que Lacerda era um desafio permanente a seus

adversários com aquela capacidade, por exemplo, de defender brilhantemente as liberdades democráticas para, em seguida, em nome delas, pregar a intervenção golpista.

Não foi outro o contexto construído, quando ele fez aquela famosa declaração contra a volta de Getúlio Vargas:

— Não pode ser candidato; se for candidato, não pode ser eleito; se for eleito, não pode tomar posse; se tomar posse, não pode governar.

Não faltavam na sua vida parlamentar episódios marcantes de agressividade, ironia e sutileza que não poupavam adversários. Como aquele com a deputada Ivete Vargas, que caiu na tentação de atacar o demônio no plenário da Câmara, nos anos 50.

Alzira: "Vossa Excia é um purgante."

Lacerda: "Vossa Excia é o efeito".

Ou como este outro, se confrontando com a mesma vítima, desta vez mais indignada e disposta à guerra.

Alzira: "Vossa Excia é um filho da puta".

Lacerda: "Vossa Excia é muito nova, não tem idade para ser minha mãe."

Com seu talento, às vezes demolidor, ele encantou mais ainda seus admiradores, naquela tarde em Belo Horizonte, calou muitos dos seus jovens adversários e, certamente, deixou mais umas marcas no caminho do clima golpista, que explodiria em 64.

No discurso de Lacerda, não faltavam os recursos clássicos do grande comunicador. E o líder político crescia, jogando facilmente com as palavras, construindo imagens envolventes, argumentos bem trabalhados, frases de efeito e mentiras. Não faltavam também mentiras por lá.

Recuperando agora aquela sua frase, que abre este capítulo, como garantia ou promessa de que ele jamais se aproximaria do adversário Juscelino Kubitscheck, eu me lembrei de uma

Debate na Veia 75

noite em Lisboa, em que escolhi para sentar num restaurante a mesma mesa onde, já decepcionado com os militares, Lacerda e Juscelino jantaram juntos, articulando a Frente Ampla, em oposição ao regime implantado. Ainda tentavam um caminho para disputar a presidência. Jango, que vivia no Uruguai, participava da Frente, mas não estava naquele jantar.

Foi no restaurante Tavares, hoje desativado, na Rua da Misericórdia, perto da Praça Camões. Era uma mesa discreta, como convém a um encontro de dois adversários políticos, num canto à direita, atrás de uma pilastra, pouco visível para grande parte dos ocupantes do salão do restaurante. Foi ali que jantamos. JK e Lacerda em novembro de 1966. E eu, no rastro da história, numas férias com a família em 2014.

Durante o meu jantar, não pude deixar de pensar em como teria sido uma transformação daquele encontro de Juscelino e Lacerda em um debate de candidatos na tevê. Já sonhei, em outros momentos deste livro, com Carlos Lacerda entrando no estúdio da Band para um debate presidencial. Inevitável pensar nisso.

Mas, naquela noite de julho de 1989, o desfile democrático apresentado no primeiro debate presidencial de nossa história atendeu a todas as expectativas de um desfile de ideias em confronto depois de 20 anos de ditadura.

O que se pode afirmar com certeza — mesmo no campo da imaginação — é que, naquelas circunstâncias, Carlos Lacerda, se estivesse lá, teria comovido muita gente com uma brilhante declaração de amor às liberdades democráticas.

21

Pregação do padre do diabo

— Dez pessoas podem fazer muito até numa revolução.

A frase vinha de um estudante de Sociologia, jovem franzino, braços muito finos saindo das mangas curtas da camisa, mas numa voz firme e cheia de convicção. Cheia de coragem.

Os estudantes, ali reunidos, ouviam com atenção e respeito o orador, que já admiravam, e que, depois, seria admirado por todo o Brasil ou, pelo menos, por grande parte dele.

Era uma reunião, em Belo Horizonte, da AP, a Ação Popular, e o orador franzino e corajoso era o Betinho, o irmão do cartunista Henfil — mais tarde perseguido, preso, exilado, tornando-se, ao voltar ao país, um nome nacional, quando liderou uma ampla campanha contra a fome. A Campanha do Betinho, Hebert José de Souza.

A reunião era para decidir se a AP, ainda de inspiração cristã antes de se tornar em parte maoísta, se uniria ao PC e à POLOP, essa mais radical, numa "frente única" para estimular e participar de uma greve de ônibus que deveria parar a cidade.

Não parou. Parados fomos nós pela Polícia que, ainda na madrugada da greve planejada, passou por todas as garagens de ônibus de Belo Horizonte, garantindo a normalidade do transporte naquele dia. E, naturalmente, prendendo líderes sindicais e estudantes mobilizados para aquela "ação revolucionária" frustrada, já referida em outro capítulo deste livro.

Restou para mim, que estive na reunião, nas garagens e na prisão, como membro recente e, depois, pouco aplicado

Debate na Veia 77

da Ação Popular, a oportunidade de conhecer, ouvir e ver em ação o incrível Betinho — além de tudo, hemofílico, o que fazia dele uma pessoa de corpo extremamente frágil. Contraste completo com a fortaleza do espírito.

Betinho, naquela reunião, defendia a participação da AP na paralisação dos ônibus e argumentava — já não me lembro dos termos exatos — tentando demonstrar como poucas pessoas poderiam praticar uma ação revolucionária numa greve.

Eu me lembro mesmo com nitidez, apesar de 60 anos passados, é que o espírito do pequeno grupo de jovens, ao saírem para a missão, era exatamente aquele. Dezenas de imaturos "guevaras", na pureza de uma ilusão revolucionária, a caminhar pela madrugada fria de Belo Horizonte, procurando as garagens que deviam bloquear. Alguns anos depois, muitos deles, mais amadurecidos na militância política e cheios de convicção, coragem e equívocos, partiram para o tudo ou nada da luta armada contra o regime militar.

Os estudantes, na reunião, haviam recebido também o incentivo e a força das palavras de Francisco Lage, um lendário padre vicentino, orador revolucionário, que inspirava as reuniões e ações da JEC e da JUC, entidades da juventude católica que estavam, na época, ao lado dos operários da JOC, na base e na origem da Ação Popular, que, depois, deixaria de ser predominantemente cristã. Marx, que já aparecia por lá, cresceu, levando Mao Tse-tung e seu livro vermelho.

Esse encontro entre Marx e Cristo, que ia caminhando com desenvoltura nas reflexões, filiações e debates na AP, nunca esteve fora da pregação do Padre Lage, "o padre do diabo", como se referiam a ele os militares dos órgãos de repressão do golpe de 1964, que o prenderam no dia 10 de abril daquele ano, em Brasília, já deputado.

Numa entrevista, pouco tempo antes, publicada na revista Manchete, ele irritava mais os seus adversários, já transformados em inimigos, ao dizer que um dos maiores equívocos do nosso tempo era o que separava a doutrina econômica de Marx da Igreja de Cristo. Sabia provocar.

Ele havia se candidatado em 1962, ganhou uma suplência, que depois "rendeu", como ele dizia, ao ocupar uma vaga na bancada federal do PTB.

Padre Lage parecia, às vezes, uma exceção gritante na política. Intransigente nos princípios, como se deve ser, mas também nas atitudes, como nem sempre a política aconselha, ele não fazia nenhuma questão de ser agradável durante uma discussão, fosse qual fosse o ambiente.

Falando para um auditório numa pequena cidade do interior de Minas, durante sua campanha para deputado, em 1962, provocou dúvidas em parte daquele eleitorado católico nada revolucionário, quando carregou na defesa da reforma agrária.

Sentado ao lado do candidato, como bom cabo eleitoral, na apertada mesa de onde ele falava para os potenciais eleitores, até eu me surpreendi com as palavras ditas ali. Não faltaram reações do público.

— Padre, pelo que eu ouvi sobre reforma agrária, parece que o senhor está pregando a revolução...

— Parece, não. Estou pregando mesmo.

— Mas isso é bolchevismo, padre.

— É.

Acho que outro estudante, ali sentado conosco, também se surpreendeu com aquele diálogo. Era Paulo Haddad, futuro ministro da Fazenda.

Claro que o "padre comunista", como se referiram a ele para mim depois, perdeu ali uma boa quantidade de votos.

Antes de se candidatar, mas sempre militante e agressivo nas suas críticas e opiniões sobre a elite política de Minas, foi interrompido durante uma palestra, na igreja, para senhoras católicas da cidade.

— O senhor está ofendendo o meu marido.

A senhora indignada disse isso e retirou-se com algumas amigas solidárias. O marido tinha sido prefeito de Belo Horizonte e era dono de uma grande construtora.

Quando conversei, depois, com ela num encontro de família — era minha parente aquela senhora —, vi que ainda se mostrava indignada. Faz tempo, mas me lembro de algo assim:

— É um agitador de batina, não é padre. Acha que todo rico no país é explorador dos pobres...

Ela tinha razão.

Em março de 1964, em Juiz de Fora, ao ser impedido com um grupo de estudantes de assistir a uma palestra do governador de Pernambuco, Miguel Arraes, o deputado Francisco Lage não se conteve. Agrediu a socos o guarda que estava a impedir sua entrada na sala com os jovens que o acompanhavam. Foi preso e levado para uma delegacia, onde ficou por algumas horas.

Eu, já jornalista, vinha do Rio, onde havia feito a cobertura do comício de Jango no dia 13 e parei em Juiz de Fora com o fotógrafo Antônio Cosenza para acompanhar Miguel Arraes. Na delegacia, cheguei a entrevistar rapidamente o padre Lage. Ele estava de batina branca, com o rosto muito vermelho e me disse que tinham batido nele. Foi logo levado para uma sala onde seria ouvido pelo escrivão e não deu para eu perguntar sobre os murros que ele havia dado no guarda e que ocasionaram sua prisão.

Pouco tempo depois, veio o golpe. Preso, torturado, banido, Francisco Lage ficou 20 anos fora. Voltou ao país, sempre militante, e ainda se elegeu vereador em Belo Horizonte pelo PDT. Nunca mudou suas convicções e posições políticas. Mudou foi a sua condição civil: casou-se e teve um filho.

Pregou a vida inteira sua discutível tese — que nunca me convenceu, embora eu, jovem imaturo, tenha ajudado na sua campanha para deputado — de que "Marx e Cristo queriam a mesma coisa". Insistiu nisso até morrer.

Quando mais tarde entrevistei algumas vezes o frei e professor Leonardo Boff, um dos pais da Teologia da Libertação, não pude deixar de lembrar do pioneirismo daquele vicentino, que levantava sua voz nos sermões da Paróquia da Floresta, em Belo Horizonte, atraindo seu rebanho de jovens.

Padre Lage viu apenas o começo da primeira campanha presidencial, depois de 20 anos de ditadura. Não viu também o primeiro debate da nossa história entre candidatos à presidência, ocorrido na Band em julho daquele 1989. Ele morreu de infarto em abril, depois de passar grande parte de sua vida debatendo, militando, incomodando sempre — às vezes, com ideias, como a contestada união Cristo/Marx, ou com atitudes inconvenientes como os murros no rosto do guarda em Juiz de Fora.

Mas algumas de suas ideias e críticas — como a crítica indignada à trágica distribuição de riqueza no Brasil, uma de suas obsessões — tiveram intensa presença nos primeiros debates da Band e continuaram em outros nas campanhas seguintes. E continuam. É uma prova da força do tema — que comprova também a negligência, os interesses, a cegueira e a incompetência políticas impedindo que se avance numa solução real para este que é, claramente, o maior problema do país.

Debate na Veia

22

Aplausos: o ditador chegando

Assistir a um Fla-Flu no Maracanã era um sonho — e, certamente, ainda é — de qualquer torcedor do Flamengo, mais ainda se era um adolescente fanático do interior de Minas. E ainda mais se o sonho já invadia as noites daquele torcedor desde os anos 50, quando a Rádio Nacional, com as vozes de Antônio Cordeiro e Jorge Curi, parava as cidades nos domingos à tarde narrando os clássicos cariocas.

Os jogos fascinavam aquele público que, na sua grande maioria, tinha uma visão quase mítica, não só da cidade do Rio, mas também do seu futebol.

Os craques ajudavam. Com a camisa do Vasco, Ademir de Meneses, frente a frente com Zizinho, o gênio flamenguista. Ou, defendendo o gol do Fluminense, o lendário Castilho, ameaçado pelas cabeceadas de Heleno de Freitas do Botafogo.

Mas a emoção parecia não ter limites, quando chegava o domingo do Fla-Flu.

Os grandes clássicos, acontecendo na realidade do Maracanã, e a imaginação estimulada pela narração do rádio ocupavam os corações dos fanáticos, campo fértil para as lendas do futebol, que nasciam e cresciam soltas, sem nenhuma base, em conversas nas ruas, entre uma pelada e outra.

Eu, aquele flamenguista fanático do início deste texto, ouvia extasiado, muitas vezes, um primo mais velho, Décio Mitre, que se tornaria um grande advogado, contando emocionado como o atacante Perácio, do Flamengo, com seu temível petardo, matou o irmão, goleiro do Fluminense, ao bater um pênalti num jogo decisivo. Perácio armou a bomba, disparou, o goleiro agarrou a bola contra o peito e caiu fulminado.

Muitas outras lendas — até criando personagens como esse irmão de Perácio — povoavam a imaginação daquela turma, minha turma, como tantas outras.

O sonho de ir ao Maracanã e assistir, como um privilegiado, a um Fla-Flu se alimentava de tudo isso.

Muitos anos depois, cheguei ao Maracanã para, finalmente, assistir ao grande clássico. Ainda me lembrava daquela emoção de adolescente dos anos 50 — já quase se perdendo no passado — quando o elevador se abriu para o Maracanã lotado e colorido com o vermelho-e-preto do Flamengo e o verde--vermelho-branco do Fluminense.

O campeonato carioca avançava e a confiança das duas torcidas se expressava naquele duelo de bandeiras agitadas e cantos que enchiam o estádio. Eu, claro, estava preparado para assistir à vitória do Flamengo, mas sem o entusiasmo dos tempos passados — o que se explica até pelo fato de ter demorado tanto a realizar o sonho do adolescente fanático que eu fui. Já ia o ano de 1971.

Só não contava com uma das maiores decepções da minha vida, que eu sofreria naquele domingo — e não seria pela derrota do Flamengo, massacrado pelo Fluminense do grande Denilson, o "Rei Zulu".

Os times ainda não haviam entrado em campo, quando começou um burburinho, um som de vozes que cresciam e vinham das duas torcidas, enchiam o Maracanã, seguidas de palmas, que também cresciam. Em pouco tempo, entendi: eram aplausos para um personagem que acabava de ocupar uma cadeira na tribuna de honra, com um radinho de pilha já colado ao ouvido, certamente ouvindo a escalação dos times ou algum comentário.

Olhei lá de cima, do alto das arquibancadas, e reconheci: era o general Médici, ditador do Brasil, aplaudido pelo povo.

Logo começaria o jogo, com o Flamengo, treinado pelo polêmico técnico mineiro Yustrick, chegando bem à área do adversário. Mas, em pouco tempo, o Fluminense foi mostrando sua superioridade e venceu facilmente o jogo.

Não me afetou aquele resultado. Os tempos do fanatismo flamenguista já iam longe e a cena do indiscutível, comprovado, entusiasmado e prolongado aplauso a Garrastazu Médici ainda estava por ali, rondando minhas reflexões políticas num domingo de futebol no Maracanã. O fato é que fui ver o Fla-Flu e saí do Maracanã com a imagem do Médici na cabeça.

De 69 a 73, a economia brasileira registrou crescimento que ia de 7 por cento ao ano até 13. Era o propalado — e real — milagre brasileiro. A expansão do setor industrial e o aumento das exportações agrícolas geravam milhões de empregos. Os setores industriais de ponta concorriam na disputa por seus assalariados.

Era o Brasil do tempo de Médici. O "milagre brasileiro" encobria — pelo menos, para aquelas multidões — a falta de liberdade política, a censura, as proibições de vários tipos, as cassações e a tortura[5].

A euforia, comprovada, com o chamado milagre brasileiro

---

[5] No auge da repressão, no governo Médici, em setembro de 1972, o diretor do Jornal da Tarde, Ruy Mesquita, agredido por novas ordens da censura severa, junto com o Estadão, mandou um telegrama para o ministro da Justiça, Alfredo Buzaid, com cópias enviadas às lideranças políticas. "Senti vergonha pelo Brasil", dizia ele. Em outro trecho: "Todos os que estão hoje no poder baixarão dele um dia e então, sr. ministro, como aconteceu na Alemanha de Hitler, na Itália de Mussolini e na Rússia de Stálin, o Brasil ficará sabendo a verdadeira história deste período..." (A íntegra deste telegrama e detalhes daquelas ordens de censura estão num amplo material de arquivo sobre o Jornal da Tarde, organizado por Ruy Mesquita Filho.)

continuou presente como grande argumento a favor do regime militar nos anos seguintes — e continua até hoje na boca dos saudosistas da ditadura e dos que não sabem muito bem o que defendem, mas temem as forças democráticas e populares.

Uma entrevista do candidato Paulo Maluf, que seria depois candidato a presidente em 1989, expressava bem essa posição de total desprezo pelas liberdades democráticas. Ele falava de suas viagens a Paris.

— Entrei num banco e vi que havia várias vidraças estilhaçadas. Perguntei o que era aquilo e me explicaram que as vidraças foram atacadas durante uma greve. Voltei lá um ano depois e vi a mesma coisa. Me disseram que tinha sido outra greve.

E concluiu cheio de convicção:

— Eu prefiro a nossa democracia ... brasileira e segura.

Nos primeiros debates, na Band, depois de 20 anos de ditadura, Maluf era um dos candidatos que não escondiam apreço pelo regime militar, justificando suas mazelas.

O sempre lembrado milagre, que alimentava os aplausos ao general Médici, nunca deixou de impressionar um certo grupo, que até hoje, defende o que considera as virtudes daquele regime. Só que, nos últimos tempos, isso veio à tona de maneira mais clara.

Debate na Veia 85

23

"Sua pergunta pegou mal"

O Brasil, cheio de esperança, acompanhava cada movimento do presidente eleito, Tancredo Neves, que havia derrotado, no Colégio Eleitoral, o adversário Paulo Maluf.

Transmitida ao vivo do Senado, a primeira entrevista de Tancredo foi aberta por Barbosa Lima Sobrinho, decano do jornalismo, convidado a ocupar um lugar na mesa, ao lado do entrevistado e seu vice eleito, José Sarney:

— Eu gostaria de saber em que período e, em que momento, as medidas a serem tomadas por seu governo estarão refletidas em realidades perceptíveis na vida de todas as famílias e de todos os brasileiros.

A primeira pergunta de um jornalista, depois de 20 anos de ditadura, a um presidente eleito no Brasil expressava a urgência de soluções reclamadas pela população e a esperança que chegava com o fim do regime.

Eram cerca de 20 jornalistas convidados entre os principais veículos do país. As perguntas eram feitas da tribuna, naquele momento de grande intensidade política, ali no Senado, que, logo, a doença e a morte de Tancredo transformariam em evento único. O publicitário Mauro Salles, que assessorava o presidente, me disse, depois da entrevista, que sua intenção era manter regularmente encontros como aquele.

Antes de chegar à minha pergunta — que levantava uma questão essencial e delicada para a época — vamos conferir a primeira resposta do presidente eleito à imprensa.

86   *Fernando Mitre*

— O que é preciso realmente é imprimir uma maior austeridade na vida pública brasileira para atingir a inflação no seu fulcro...

Completava numa outra resposta:

— O que muda com o meu governo é, primeiro, a mentalidade; segundo, o comportando; terceiro, o estilo de governo e, quarto, o acatamento a todos os direitos e liberdades democráticas ... como expressa aqui este momento que estamos vivenciando.

Aplausos gerais — mais ainda quando ele soltou a famosa declaração de que "não se combate a inflação com a fome do povo".

Os aplausos voltaram quando ele respondeu a minha pergunta, que terminava levantando a questão, ainda pouco discutida, sobre o peso das estatais na nossa economia e a hipótese de uma política de desestatização.

Antes da frase final, Tancredo apenas rodeou a questão, com muito cuidado e sem chegar à essência do que, depois, se tornaria um dos grandes desafios dos governos seguintes. Mas deixou seu carimbo:

— Pior do que a estatização é a desnacionalização ... (aplausos).

Não havia nenhuma dúvida de que o assunto ainda era um tabu no Brasil, mas confirmei o óbvio, quando, depois da entrevista, recebi um telefonema sincero de um colega, amigo e companheiro de redação, preocupado com a minha pergunta.

— Pegou mal, vi gente criticando aquela pergunta. Não ficou bem para você. Coisa de reacionário isso de desestatizar.

— Acho que é coisa de jornalista também. O assunto vai crescer, a discussão vai ser grande e nós ainda vamos escrever muito sobre isso.

— Eu não.

Debate na Veia 87

Hoje, ao relatar esse diálogo, me lembro de excelentes e equilibradas matérias sobre o assunto, escritas por aquele colega, um dos mais talentosos redatores que conheci.

Não era tão difícil, na época da eleição de Tancredo, prever que a questão das estatais viria com tudo, como veio. O assunto ainda não era tratado com o destaque que merecia no dia a dia do noticiário, mas já pipocava na mídia.

O Jornal da Tarde, numa série especial, pautada pelo diretor Ruy Mesquita e executada por Fernando Portela e Vital Bataglia, oferecia um diagnóstico completo da presença das estatais na economia brasileira. O assunto estava pronto para ganhar, cada vez, mais destaque.

As reportagens, o noticiário político carregado de análises e especulações sobre prioridades do novo governo, o ministério e as maiores dificuldades, tudo isso passou, depois da entrevista, a alimentar mais intensamente as expectativas para o 15 de março daquele 1985, dia da posse.

Alguns dias antes, recebi um telefonema de uma das assessoras de Tancredo, convidando para um jantar com ele em Brasília. Eram poucos jornalistas, me explicou.

No outro dia, outro telefonema. Estava cancelado o jantar. "Doutor Tancredo com agenda muito cheia, precisando descansar... etc." Claro que desconfiei de alguma coisa.

Na madrugada de 14 de março, já com a mala pronta, o smoking devidamente alugado, minha mulher garantida com o vestido emprestado por uma amiga, o plano de cobertura da posse revisado várias vezes — eu me preparava para dormir, quando tocou de novo o telefone. Era um colega emocionado:

— O presidente acaba de ser internado...

Foi o início de um período de quase 40 dias de cirurgias, entrevistas obscuras, angústia, sofrimento e a morte.

Mas a esperança era grande nos primeiros dias da internação. Na festa da posse, no Itamaraty, vi que esse espírito prevalecia no ambiente, que não era, nem poderia ser, propriamente festivo. Apesar do otimismo, as tensões eram inevitáveis. E se misturavam com as conversas sobre os sinais do governo que estava para começar, com seus enormes problemas esperando por solução.

Mas ainda havia lugar para bom-humor. Roberto Campos, então deputado, havia lançado seu livro "A lanterna na popa", um brilhante tijolo de 1.500 páginas, que eu já estava lendo. Fui conversar:

— Deputado, estou levando seu livro para cama todas as noites.

— Que falta de imaginação.

Muitos dos convidados daquele baile eu encontrei no estúdio da Band, no primeiro debate de 1989. Lá estavam também todos aqueles temas, que frequentaram a primeira e única entrevista coletiva do presidente eleito, que não tomou posse.

A inflação — depois da mobilização dos "fiscais do Sarney" no Plano Cruzado — continuava sendo o grande desafio, condicionando os outros. Como mostraram os debates daquele ano eleitoral.

Debate na Veia 89

24

O desafio do primeiro debate

A preparação do primeiro debate em 1989, com nove ou dez candidatos à presidência da República, por ser algo inédito na televisão brasileira, passou por muitas dúvidas e dificuldades, dramatizadas pelo fato de tudo estar na mão de um jornalista típico de mídia impressa, com pouca noção do veículo que estava apenas começando a conhecer: eu mesmo.

De fato, eu tinha e não escondia uma enorme insegurança com tudo aquilo. Mas, acima de todos os problemas, me empolgava uma certeza: depois de 20 anos de ditadura, o evento ficaria na história da televisão e da democracia brasileira. E mãos à obra.

Entre tantos conselhos e advertências, com destaque para o risco que seria de fazer um debate com tantos candidatos, ouvi uma frase de um colega cínico, que nunca esqueci:

— Aproveita que você não entende de televisão e faz o seu debate.

Foi mais ou menos isso que fiz, sempre alimentado pela obsessão conjugada com a certeza de que estava na perspectiva de um significativo fato histórico.

Comecei a procurar os candidatos, já com a data fechada. Um deles, que seria, nos meus planos, fundamental para atrair os que ainda não tinham se comprometido, Mário Covas, aceitou o convite com entusiasmo, mas me jogou um problema.

Ele estava fechado com um outro programa de TV, exatamente na data marcada para o debate.

— Não vou fazer um papelão com eles. Fale com o apresentador lá, que é seu amigo, e, se ele me liberar, estarei na Band no dia do debate.

Liguei, otimista, para o âncora daquele programa. Era o prestigiado jornalista Alexandre Machado, do programa "Vamos sair da crise", da mesma TV Gazeta, que tinha participado do debate de 1988, na Band, entre Brizola e Montoro. E com um detalhe: eu e Alexandre havíamos apresentado aquele encontro.

O final do telefonema me surpreendeu.

— Conto então com você para liberar o Covas?

— Não, não conte comigo, não libero.

Levei um susto.

— Mas você vai inviabilizar um momento histórico?

— Se você pensa que vou prejudicar meu programa para ajudar seu debate, você está enganado.

Ainda insisti. Inutilmente.

— Não conte comigo.

Sem alternativa, liguei para o Covas.

— Senador, tudo certo. O Alexandre foi muito compreensivo e disse que podemos contar com ele. Liberou…

Em seguida, mandei correndo uma equipe para gravar com Covas. Ele logo estaria no ar, com outros candidatos, confirmando presença no debate da Band.

Eu não tinha como mudar a data. Mexeria com a agenda de muita gente: 9 candidatos já tinham confirmado, somando com o Covas. Voltaria tudo atrás e outras televisões, alertadas pela iniciativa da Band, logo poderiam entrar na corrida pelo primeiro debate.

Confesso que, embora surpreendido pela reação do jornalista Alexandre Machado, eu teria feito, no lugar dele, a mesma coisa.

Só não gostaria, claro, que, se ele estivesse no meu lugar, fizesse o que eu fiz.

Mas, conversando sobre o episódio, algum tempo depois, concluímos que cada um de nós estava no seu papel.

E eu ainda penso que, se o projeto do debate não chegou a correr o risco de morrer ali, ele teria que passar, pelo menos, por dificuldades muito maiores para se realizar. Um projeto que expressou no início da campanha eleitoral de 1989 — sempre insisto nisso — os anseios que vieram das multidões, 5 anos antes, na Jornada das Diretas.

Debate na Veia 91

25

O som da democracia

No estúdio da Band, quando soou a trilha sonora — que hoje o Brasil inteiro conhece — anunciando o início do primeiro debate, a memória me levava de um episódio para outro, com a emoção que não escaparia a nenhum jornalista. Entre aquele espetáculo democrático de 1989 e a sequência das capas históricas do brilhante Jornal da Tarde, em 1984, antes e depois da queda da emenda das diretas no Congresso, transita o período que mais me marcou nos meus 60 anos de jornalismo. (Meu Deus, faço as contas e vejo que são 61.)

Mas, mesmo depois de tantos anos, confesso que, às vezes, me flagro entrando na minha modesta e acolhedora biblioteca para dar uma olhada furtiva nos prêmios que recebi por aqueles trabalhos, quando dirigia o Jornal da Tarde e, depois, como até hoje, o jornalismo da Band.

26

"Buzina agora, seu filho..."

Na madrugada de 25 de abril de 1984, o clima na redação do Jornal da Tarde expressava e intensificava, no início, o sentimento de esperança e, depois, de frustração, quando veio a derrota da emenda das Diretas no Congresso Nacional. Foram longos e dramáticos aqueles momentos, até o fechamento da edição, que ficou na história da nossa política e do nosso jornalismo.

Uma espécie de continuação da vigília cívica, que parou o Brasil, durante as horas intensas da votação da Emenda Dante de Oliveira, envolvia o minucioso processo editorial de preparação das páginas para aquele número especial do jornal.

O trabalho concentrado no aprimoramento dos textos, que chegavam, na escolha e corte das melhores fotos, nas legendas, nos títulos das matérias ou no capricho com os detalhes da diagramação, todo esse processo de edição avançava em meio a um ambiente que ia se tornando pesado na medida em que as informações de Brasília chegavam.

Eram aqueles momentos raros e inevitáveis em que o jornalista se emociona até a medula diante do acontecimento que está cobrindo. A inútil conversa sobre objetividade não entrava ali. Era o império dos sujeitos e suas emoções.

A atmosfera, que andava tensa no país, estava especialmente carregada desde o dia 18, quando o governo militar havia decretado Estado de Emergência no Distrito Federal, Goiânia e em nove municípios próximos de Brasília. Era a fúria do general-presidente João Figueiredo.

Debate na Veia 93

Intimidações sem limite. Para executar as medidas, o general chamou o comandante do Planalto, mais furioso ainda: Newton Cruz. Houve momentos impensáveis até para um regime como aquele.

— Buzina agora, seu filho da puta...

Era o general Newton Cruz trançando com seus cavalos e soldados entre os carros, que, na véspera da votação, desfilavam em Brasília, em meio a um buzinaço.

Newton Cruz não se continha. Enquanto chutava e chicoteava os carros, ia pessoalmente às janelas dos motoristas com suas ameaças e intimidações e chegou a pegar alguns pelo pescoço. O comandante dando gravatas nos cidadãos na rua contra as eleições diretas para presidente.

Estradas haviam sido bloqueadas, a censura estava imposta, nada de transmissão ao vivo da votação por tevê ou rádio. As informações eram passadas do plenário, chegavam por telefone e eram colocadas em grandes painéis nas praças do país, como a Sé em São Paulo, onde o povo se concentrava torcendo emocionado. Para, depois, se decepcionar com o resultado.

Na redação do Jornal da Tarde, os números eram anotados por alguns colegas ligados o tempo todo ao telefone. A expressão dramática de seus rostos retratavam o Brasil naquele começo de madrugada.

Eu me lembro de conferir no relógio o momento em que tive a triste certeza de que, pelo placar já anotado, não havia mais possibilidade de aprovação da emenda das diretas.

À 1h15, eu esqueci a capa já pensada para a vitória — a palavra DIRETAS dominando todo o espaço — e me concentrei no ousado modelo que havia criado para o caso de derrota.

As duas capas anteriores haviam feito grande sucesso. A primeira, no dia 17 de abril, viajou diretamente das bancas de São Paulo para uma parede do gabinete do deputado Ulysses Guimarães, em Brasília. E lá ficou por vários dias como um pôster gritando pelas diretas e pela democracia.

Era uma capa dupla. Tomava todo o espaço da primeira página e invadia a última, naquela edição especialíssima, que vinha num grande e único caderno. Foi difícil convencer os engenheiros da empresa a rodar só um caderno de 48 páginas, condição essencial para que eu editasse uma única foto na capa dupla.

Foi emocionante andar pela cidade vendo aquele pôster aberto nas bancas ou nas mãos das pessoas saudando a democracia.

A foto, excelente trabalho de Alfredo Rizzuti, mostrava 1,5 milhão de brasileiros, no Vale do Anhangabaú, em São Paulo, no comício das diretas, no dia 16. Explodia a emoção.

No dia 25, haveria a votação da Emenda Dante de Oliveira. Hora de enfrentar o desafio da nova capa para o grande dia. A ideia veio quando eu e alguns colegas avaliávamos — na verdade, ainda curtíamos, dias depois — o pôster aberto sobre a minha mesa[6].

Chamei um fotógrafo — acho que foi o mesmo Alfredo Rizzuti — e pedi que ele fotografasse ali a capa dupla. Estava resolvido o problema. A foto daquela multidão ocupando o espaço de duas páginas, sem manchete, só a imagem colada ao logotipo, foi reduzida e transformada na única ilustração da capa seguinte, abaixo desta manchete:

SENHORES PARLAMENTARES, LEMBREM-SE DESTA FOTO

Na madrugada do dia seguinte, na redação, quando a esperança no voto dos nossos representantes acabava de morrer, à 1h15, uma espécie de névoa de decepção já parecia cobrir o

---

[6] A noite dramática da derrota da emenda das Diretas, vivida por nós na redação, está bem narrada em detalhes no livro *Jornal da Tarde*, de Ferdinando Casagrande. (N. do A.)

ambiente. Uma triste capa completava a trilogia histórica. A repercussão das edições foi grande naqueles dias e continuou, depois, em livros e salas de aula.

Apenas reforço que a capa da edição do jornal do dia 25 de abril de 1985 — uma grande mancha negra, na verdade uma expressão de luto tomando todo o espaço — era a única mensagem jornalística que poderíamos emitir no final daquele dramático dia de trabalho.

Entre os colegas mais emocionados, o excelente jornalista José Nicodemus Pessoa, mais experiente do que os outros, se aproximou de mim e perguntou:

— Onde você estava no dia do golpe de 64?

— Numa redação em Minas... mas já dando um jeito de...

— Eu também, dando um jeito de sumir. Mas me lembrou alguma coisa essa votação.

Falava a emoção, claro. Na verdade, um episódio era o início de um pesadelo, enquanto o outro era o fim. De fato, para quem havia vivido a intensidade de 64, personagens como Newton Cruz traziam péssimas lembranças, mas a Jornada das Diretas plantou o que logo já estávamos colhendo, anunciado no discurso de vitória de Tancredo Neves no Colégio Eleitoral, redigido pelo brilhante Mauro Santayana:

— Esta foi a última eleição indireta do Brasil.

A confirmação ganhava momentos especiais de empolgação democrática, nos estúdios da Band, em 1989, nos quatro primeiros debates presidenciais, que iam sepultando o passado autoritário.

27

Começa o debate, cadê o Collor?

As oscilações da campanha de 1989 criaram em vários momentos uma espécie de revezamento no posto de segundo colocado, aquele candidato que disputaria, no segundo turno, com Fernando Collor — este com sua liderança garantida durante quase todo o primeiro turno.

E essa paisagem em mudança quase constante interferia e, às vezes, pesava muito nas articulações com os candidatos na preparação dos quatro debates na Band. Nem poderia ser diferente. A condição eleitoral do candidato, obviamente, muda seu interesse no debate.

Mantendo contato permanente com os candidatos e seus assessores, era fácil detectar — e eu sempre temia isso - as mudanças nas avaliações dos comandos de campanhas sobre a conveniência da participação de algum candidato no debate seguinte.

Ao longo do período, em que a Band produziu os quatro primeiros debates no primeiro turno, variaram bastante as condições de alguns candidatos. Foi o caso, que já citei aqui, de Guilherme Afif, que chegou a 17 pontos numa das pesquisas e se tornava, naquele momento, possível adversário de Collor no segundo turno.

Brizola, Mário Covas e Lula se mantinham nesse time dos possíveis finalistas, sujeitos às oscilações das pesquisas e da própria campanha.

Debate na Veia 97

Nunca tive informação de que Afif cogitava não aparecer num debate, mas sua assessoria chegou a avaliar essa possibilidade, o que seria, de fato, parte de sua tarefa. Mas os sinais que vieram de lá, num certo momento, me preocuparam.

A candidatura de Mário Covas chegou a ganhar uma intensidade maior, recebendo apoios e preferências de parte da mídia, coincidindo com seu discurso avaliado como proposta de um "choque capitalista". Discurso eficiente, que chegou a empolgar a Globo e causou grandes preocupações na campanha de Fernando Collor, que temia o adversário no segundo turno. De Covas nunca veio sinal algum de que poderia fugir de debate.

Brizola esteve, até o último dia do primeiro turno, como candidato muito próximo do embate final com Collor. Quando se abriram as urnas, faltaram menos de 500 mil votos para isso. Eu diria: faltou um pouco de São Paulo.

Lula foi ganhando mais fôlego no final da campanha, mas, para alguns analistas, ter vencido Brizola soou como surpresa.

Nas minhas articulações com os comandos de campanhas e os próprios candidatos, durante todo esse período, eram claras as mudanças de comportamento e reações de alguns assessores nos entendimentos, quase permanentes, para acertar os debates. Quanto melhor ficava a situação eleitoral do candidato, maiores eram as exigências e dificuldades que apareciam. Detalhes começavam a virar problema.

Durante esse período, a minha maior dificuldade nunca deixou ser a resistência de Collor e seus assessores. As dificuldades só cresciam, na medida em que ele se consolidava na liderança das pesquisas.

Mas, enquanto eu fazia minhas tentativas — e nunca deixei de pressionar —, alguns temores e preferências do candidato, além do medo de se sair mal nos debates do primeiro turno, começavam a vir à tona.

Ele não gostava da ideia, aliás, péssima, como reconheço, de haver o pedido de aparte nas regras. E, aqui, me lembro do irmão Leopoldo Collor, que eu incomodava o tempo todo com o insistente convite, chegando a perder a discrição:

— O Brizola vai cair em cima do Fernando o debate inteiro. Não dá com essas regras. Não dá, Mitre.

É claro que foi perda de tempo dizer, naquele telefonema, que poderíamos mexer nas regras, o que, aliás, acabou sendo feito. Mas ficou clara a prevenção de Collor quanto ao incômodo de enfrentar um adversário como Brizola. Não só no segundo turno.

Brizola, quando parecia o candidato com maiores possibilidades de chegar à disputa final, me ligou pouco antes do terceiro debate, numa espécie de ofensiva para mudar quase tudo nas regras do confronto.

Minha porção paranoide se manifestou: não é coincidência demais o candidato aparecer com tanta exigência logo no seu melhor momento nas pesquisas?

O medo era de que Brizola não aparecesse, esvaziando totalmente o debate e deixando Collor mais confortável com sua ausência. Mas a ofensiva do ex-governador gaúcho — talvez apenas uma tentativa mesmo de mudar as regras — só durou algumas horas.

No dia anunciado, na hora certa, lá estavam no estúdio da Band os candidatos convidados, menos o Collor, que vivia uma angustiada incerteza sobre quem o encontraria no segundo turno.

Deu Lula, a melhor alternativa para Collor. Se fosse Leonel Brizola ou Mário Covas…

Debate na Veia 99

28

Raízes do conflito democrático

O importante é detectar as sementes da democracia, antes sufocadas, perseguidas, fora do jogo durante 20 anos, mas querendo resistir e resistindo. E, então, começando a se expressar de forma organizada, já mostrando suas nuances e variações, caminhando para se agrupar num campo vasto e plural como é a democracia brasileira, naquele momento se mexendo em suas diversas faces. Mas todas — tantas visões e diferenças — jogando o mesmo jogo, consagrando o mesmo princípio de respeito às regras e de defesa dessas regras. Depois de 20 anos de ditadura, não havia nada de mais valioso.

Você acabou de ler uma avaliação daqueles momentos, que antecederam e, de certo modo, prepararam a chegada do ano eleitoral, feita pela historiadora Heloisa Starling, presente em vários momentos deste livro.

No generoso texto da contracapa, preciosa cortesia a mim e ao leitor, ela já caminha para uma avaliação da nossa reabertura democrática — de que fazem parte os conteúdos dos debates eleitorais, com o peso determinante dos presidenciais, desde o primeiro, no dia 17 de julho, na Band, naquele histórico ano de 1989. E, indo bem além disso, em poucas linhas carregadas de significado, ela já sugere investigar raízes do passado que se expandem e ajudam a explicar muito das relações e ações da nossa política contemporânea.

Naquele confronto de julho de 1989, visto e sentido em todo o país como um inédito show democrático na tevê, nasceu a tradição da Band de realizar o primeiro debate entre candidatos à presidência em todas as eleições brasileiras. Tradição que acabou incluindo, desde então, as eleições municipais e estaduais.

Antes da reabertura democrática, a Band chegou a produzir debates regionais. Já havia, portanto, plantado as raízes que, nas décadas seguintes, foram crescendo e ocupando grande parte da história política do país na televisão, influindo e repercutindo fora dela.

Ao longo de mais de 50 debates na Band (já perdi a conta exata) somados aos de outras emissoras, vai tomando forma, ganhando conteúdo e evoluindo a própria democracia brasileira. Às vezes, com trepidações, até com algum risco — e sempre mal acompanhada por conquistas sociais insatisfatórias. Ou retrocessos mesmo. Esse é o grande desafio.

Quando noticiamos que mais de 35 milhões de brasileiros passam fome, 62 milhões vivem na pobreza (números sempre revistos e discutidos), a conclusão é óbvia sobre o que fracassou na nossa democracia. Tudo isso aparece nos debates entre os candidatos, o que mostra a grande inconsequência dos discursos políticos. Escancara causas e efeitos de uma sociedade que abusa da desigualdade, plantada sobre raízes, cada vez mais pesquisadas, estudadas, avaliadas e divulgadas no país.

Bem antes do período em que se iniciava a reabertura democrática, já havia no Brasil uma discussão muito rica sobre democracia. Isso bem localizado nos anos 70 e 80, como mostra Heloisa Starling.

— "E quando a questão em jogo é a democracia, o tema da igualdade é fundamental, é muito forte, por ser o princípio democrático por excelência."

Trataremos ainda disso aqui. A começar por um encontro de significados entre um projeto especial da Band, no ano do bicentenário da Independência, e a intensa cobertura eleitoral com seus debates.

Dr. Ulisses, uma atração no único debate da Band em que esteve. Mas a Constituição não lhe deu votos.

No último debate, esta cena mudou: "Não vou cumprimentar aquele filho da puta", disse Lula.

A emoção de perguntar ao presidente eleito (ainda que no Colégio Eleitoral) depois dos anos de ditadura.

Debate na Veia 103

O debate de Mário Covas
com Paulo Maluf virou confronto moral

Jânio expulsa o entrevistador. A pergunta não agradou.

Assim ficou a entrada do prédio do Estadão, depois da explosão da bomba.

FHC e Lula chegam ao estúdio da Band para o debate com vários candidatos. Estava fácil para FHC.

Jânio Quadros, o incômodo e incomodado vizinho.

Marília Gabriela, cercada pelos candidatos
num dos intervalos do debate.

Fernando Mitre (de costas) faz uma pergunta, no primeiro de todos os debates: uma festa democrática.

Brizola e Montoro: um duelo, em 1988, entre presidencialismo e parlamentarismo. (Mediando: Alexandre Machado e Mitre)

Carlos Lacerda, encantador e demolidor.

Na parede, as capas históricas das Diretas Já. Sonho que começou a se realizar nos debates de 1989.

Cabo Anselmo, uma entrevista chocante.

29

Dos livros e museus para a tevê

A Band, durante todo o período em que se dedicou à cobertura eleitoral, neste intenso ano de 2022, investiu num projeto paralelo de produção especial, levando dos livros, das universidades, dos centros de pesquisas e museus para o horário nobre da tevê todo o nosso processo histórico da Independência.

Foram mais de 80 reportagens especiais em 14 séries, ouvindo cerca de 65 especialistas, 2 documentários e 9 edições do programa Canal Livre. A boa audiência confirma o interesse do brasileiro pela sua história.

Nesse trabalho ambicioso, comemorando o bicentenário, sob a supervisão de Heloisa Starling, penetramos e investigamos o processo de independência com suas contradições, realidades pouco conhecidas, ambiguidades, desfazendo mitos e levantando elementos antes encobertos.

Perguntamos ao passado, como diz a nossa historiadora. E ele responde, desde que a pergunta seja correta. Assim, entre novas respostas e visões do passado, nossa abordagem do presente se enriquece. Nossas raízes ganham mais sentido aos olhos de hoje.

É muito claro neste ano de 2022 da Band o encontro de significados entre o processo da nossa Independência, com suas raízes históricas, e as disputas eleitorais de hoje, com seus confrontos, valores, temores e interesses.

Confirma-se que boas perguntas ao passado podem trazer oportunas respostas para o presente. Se o presente nos pressiona a ir ao passado com as perguntas certas, é possível que possamos voltar aos nossos temas contemporâneos mais aptos a entender o que nos cerca.

Encontrar a trilha certa, vasculhando o processo de independência, e seguir por ela de volta para o nosso tempo até aqui, até o mais recente ano eleitoral, é uma possibilidade generosa que se pode explorar — contando com o interesse do leitor — no encontro desses dois projetos editoriais e especiais: o do bicentenário, 14 meses no ar, e o da cobertura eleitoral, iniciado um ano antes das convenções, incluindo os debates históricos, referencializando e aperfeiçoando o entendimento dos anteriores. Aí se forma um conjunto de informações e suas possibilidades de significado que podem enriquecer a leitura desse livro, abrindo uma visão mais ampla de nossa política e suas raízes.

A expectativa é que tudo possa ficar mais claro, com a pauta da qualidade da nossa democracia e de nossas estruturas de poder.

Se a democracia por aqui ainda é aquela planta tenra, exigindo vigilância permanente, as diferenças sociais, como mostrou de corpo inteiro a vitrine da pandemia de COVID, já passaram de todos os limites.

Nesses quase 40 anos de debates eleitorais, não faltam declarações, projetos, promessas e reações indignadas diante das injustiças sociais e péssima distribuição de renda. Ao discurso público, a realidade social já chegou faz tempo. E se mostra de corpo inteiro e mais claramente desde o fim do último período autoritário.

Pelo menos, o balanço do debate público e democrático hoje é saudável no Brasil, apesar dos ventos autoritários que sopram ameaças.

E as raízes estão bem plantadas na nossa história, onde a participação popular tem se revelado maior do que expressava uma velha historiografia, embora com dificuldades e tantas vezes sabotadas. Raízes "florentes", para usar uma expressão de Tiradentes, quando descrevia sua república nos sonhos de Vila Rica.

Faz tempo que a palavra república desembarcou no Brasil, ainda com significado limitado e que entraria no seu processo de expansão conceitual, tendo encontrado aqui uma "recepção criativa", expressão usada por Heloisa Starling no seu *Ser republicano no Brasil Colônia*.

A palavra sofreu uma espécie de revolução semântica, que precisa continuar e se transformar em prática para todos.

Evoluiu muito e há muito o que evoluir, como mostra nossa realidade refletida de muitas maneiras no debate público. E comparecendo com seus variados matizes nos confrontos entre nossos candidatos nas campanhas presidenciais — mesmo quando escondida, ou até camuflada, em alguns de seus aspectos importantes.

Há muito a se observar nos debates desde 1989. E na sua evolução nas campanhas seguintes, pontuando nossa reabertura democrática.

Um debate entre candidatos — principalmente os presidenciais — pode, assim, ser um campo fértil para uma análise política abrangente, que consiga ferir a superfície das declarações e atitudes dos candidatos, penetrando mais fundo, muitas vezes encontrando ali informações, intenções e pistas não explicitadas. Ou não facilmente visíveis — que, depois, podem aparecer de corpo inteiro, por exemplo, nas alianças e compromissos de candidatos ou já no exercício do poder dos eleitos.

É quando as dissimulações de campanha, arte política sempre presente, começam a se dissolver — como pode ser mostrado por uma cobertura jornalística de qualidade.

Mas, agora, vamos passar pelas dificuldades e armadilhas no caminho da produção de um primeiro debate, especialmente difícil..

30

Ele vai se Lula for. E Lula...

O desafio de produzir um debate eleitoral na tevê — principalmente o primeiro numa campanha — é sempre difícil e, muitas vezes, angustiante.

Não é incomum que um debate pareça impossível em determinadas fases de uma campanha. O primeiro debate na Band, em 2022, com a presença de todos os candidatos credenciados, parecia improvável durante todo o tempo em que era preparado.

— Bolsonaro está disposto a debater, mas só vai se o Lula for.

— Lula não foge de debate, mas só confirma presença se o Bolsonaro comprovar a dele.

Ouvi respostas assim incontáveis vezes, enquanto o tempo passava, nenhum dos dois candidatos ia além daquela frase, e as iniciativas de produção — inclusive a construção do cenário — já passavam da hora de serem tomadas.

Com a campanha polarizada, as atenções concentradas em Lula e Bolsonaro, o debate só faria sentido com a presença deles. Que não se confirmava.

Pode parecer imprudência — e, na verdade, é mais do que isso — mas autorizei a divulgação da chamada na programação deste primeiro debate, muito antes de ter a confirmação dos dois candidatos à frente na pesquisa.

E mais: só tivemos a confirmação formal e oficial da presença de Lula e Bolsonaro nesse debate — produzido em pool

Debate na Veia 113

com a TV Cultura, Folha e UOL — quando faltavam menos de 48 horas para a sua realização[7].

Acrescente-se que, mais de um mês antes do evento, o cenário, os convites, as chamadas no ar, tudo isso já estava pronto e andando. Tinha que ser assim ou não haveria debate.

Otimismo, irresponsabilidade, convicção, esperança e angústia são ingredientes que, geralmente, entram no trabalho de produção de um debate eleitoral, com doses aumentadas quando se trata de juntar candidatos à presidência da República.

Mas as incertezas do primeiro debate do segundo turno de 2022, não só superaram as do primeiro, que foram grandes, como passaram de todos os limites.

Um telefonema, no sábado, véspera do evento, do ministro Fábio Faria, quase me fez perder a esperança. Ele estava ao lado de Fábio Wajngarten, homem de confiança de Bolsonaro.

— O presidente não irá ao debate amanhã, se você não mudar as regras.

— Mas que loucura é essa, ministro? As regras foram aprovadas em reunião, divulgadas e registradas, tudo certo.

— Não está tudo certo — interveio o outro Fábio.

E os dois no telefone insistiram na nova condição, radicalizando. Bolsonaro não aceitaria os blocos em que os candidatos teriam 15 minutos cada um para administrar como quisessem, o que era a grande novidade do debate.

Não parecia haver entendimento possível. Até o representante da campanha, que havia assinado e aprovado as regras, foi desqualificado por eles.

De fato, logo em seguida, recebi uma mensagem dele

---

[7] Eu me reuni várias vezes, para preparar o pool, com o diretor de conteúdo da UOL, Murilo Garavello, o diretor de redação da Folha de SP, Sérgio Dávila, o diretor de jornalismo da TV Cultura, Leão Serva, além do diretor geral de conteúdo da Band, Rodolfo Schneider, e o diretor de conteúdo de jornalismo da Band, André Basbaum. (N. do A.)

mesmo, dizendo que recuava dos compromissos da reunião. Tempestade perfeita.

Falei com o comando da campanha de Lula, sondando a possibilidade de mudar as regras. Àquela altura, já no meio da tarde de sábado, a mudança me parecia impossível, além do fato de que, se acabasse aprovada, poria a perder o principal atrativo do debate.

A resposta do comitê de Lula foi definitiva.

— Não.

Nem tentei discutir com o monossilábico ex-ministro Edinho Silva. Com uma experiência acumulada de mais de 50 debates eleitorais produzidos e exibidos — passando por tantas dificuldades e algumas frustrações — confesso que nunca havia imaginado o episódio surrealista daquele sábado, véspera do aguardado e intensamente anunciado confronto entre Lula e Bolsonaro.

A tarde já chegava ao fim, tempo se esgotando, quando se reuniram, no espaço apertado da minha biblioteca, o presidente da Band, Johnny Saad, o diretor de conteúdo, Rodolfo Schneider, o chefe de redação, André Basbaum, e o apreensivo diretor responsável de jornalismo da Band, que era eu mesmo.

Diante do impasse, eu redigi, por sugestão do determinado Johnny Saad, um texto dirigido ao comando da campanha de Bolsonaro, insistindo na sua presença, mantendo as regras divulgadas e comunicando que, caso ele não comparecesse, seu púlpito estaria vazio, ao lado do adversário, durante o programa, que, no caso, se transformaria em entrevista com o candidato Lula.

O texto era cuidadoso e, ao mesmo tempo, objetivo: um modelo respeitoso, delicado, mas claro e, no limite, ameaçador. Era uma cartada final, diante do risco de se perder o debate que o país inteiro esperava. E era um aviso:

Debate na Veia 115

"O modelo proposto pela Band foi aceito, no final, pelos dois lados. Tudo certo, como fazemos há mais de 30 anos. E agora, a esta altura, vem esse desafio: tentar convencer o outro lado a mudar, mexer nisso na véspera do evento, e, se não conseguirmos? Pedimos aos senhores que convençam o presidente a vir, mesmo se não houver mais condições de contornar a situação. Deixar cadeira vazia para um candidato ausente, numa circunstância dessas, é tudo o que a Band não quer. E fará tudo o que é possível para que isso não aconteça. Contamos sinceramente com a compreensão exsuda dos senhores".

O texto foi enviado e registrado judicialmente — via internet — pelo advogado Ivan Marcio Gitahy, que acompanhou a reunião.

Funcionou. No final da noite daquele sábado, recebi mensagem do comando da campanha de Bolsonaro, solicitando a entrega das credenciais e confirmação dos horários. Parecia que estava tudo certo.

Mesmo assim, o incansável André Basbaum, que foi fundamental na fase de contatos com as duas campanhas na preparação daquele debate, passou o resto do sábado e parte do domingo conferindo tudo. À noite, na hora certa, os dois candidatos estavam nos seus lugares, no estúdio da Band, onde se iniciava mais um episódio histórico da televisão e da política do Brasil

31

Tem plateia? Lula não vai

Bolsonaro ou seu comando de campanha, ou até alguns de seus assessores agindo por iniciativa própria, jogaram não poucas dificuldades na produção desses debates, como já ficou claro aqui.

Mas e o Lula? Ou o seu comando de campanha? Ou alguns de seus assessores de confiança ...?

Não foi fácil a relação com a candidatura Lula durante a preparação e produção dos debates.

Desde a primeira exigência, que apareceu muito depois das primeiras reuniões com representantes de partidos e candidatos, na sede da Band, já cogitando até de datas, as dificuldades cresciam.

— Antes vocês têm que fazer pool de emissoras.

Depois dessa exigência, anunciada em entrevista pelo próprio Lula, fomos atrás do pool, fechamos com os excelentes companheiros da TV Cultura, Folha e UOL, mas os momentos de pesadelo ainda estavam por vir.

Achei que o projeto do primeiro debate começava a dar sinais gravíssimos de morte precoce, quando recebi um atordoante telefonema do comando da campanha de Lula. Curto e grosso:

— Lula não irá ao debate, se houver plateia no estúdio.

— A plateia é tradição nos debates da Band desde 1989 ...

— Com plateia, Lula não vai.

— Desde a reabertura democrática, a plateia dá o tom dos debates.

Debate na Veia 117

— Lula não vai...

— Mas não será um desgaste grande para a campanha de vocês, quando eu comunicar que Lula está fugindo da plateia?

— Então ponha a plateia, Mitre, e fique sem o Lula no debate.

Como se pode conferir, as possibilidades de diálogo não eram promissoras.

Haveria o primeiro debate estadual dali a dois dias, num domingo, e eu precisava cuidar dele. Decidi conviver com aquele novo problema criado pelo PT por algum tempo, pensando numa solução. Não havia nenhuma à vista.

A Band abriria mão da sua tradicional plateia? Eu pensava nas centenas de convites já enviados e confirmados. Bolsonaro concordaria com a exigência do adversário?

Depois do debate estadual, eu marcaria uma reunião com os dois comandos para tentar um acordo ou coisa parecida.

Vieram o debate estadual e, junto, a solução para o problema criado pelo PT.

Os gritos, as interrupções, os aplausos e as vaias da plateia, naquele domingo, potencializados pela acústica do estúdio, com o cenário do programa do Faustão adaptado para o debate, não só incomodaram os candidatos, como atordoaram os assessores da campanha de Bolsonaro, ali presentes, além de fortalecer o argumento do comando da campanha de Lula.

Nem precisou fazer reunião. Por telefone, eu me entendi com o comando da campanha de Bolsonaro, que passou a não querer plateia, confirmei a posição com o PT e resolvemos internamente a questão da tradição da Band de receber a plateia e dos convites já enviados. Abrimos novos espaços para os convidados.

Mais um obstáculo removido, entre alguns colocados pelo comando do PT. Outro problema foi criado no dia do debate: depois de um telefonema, tive que sair correndo até o estúdio para mudar o lugar de Lula no cenário. Ele não queria ocupar o púlpito ao lado do que estava designado para Bolsonaro. Queria distância do maior adversário. Claro que, antes da mudança, houve consulta da nossa produção ao comando bolsonarista.

Essa ideia da assessoria petista de aumentar a distância entre Lula e Bolsonaro voltou, na preparação do debate no segundo turno. Trabalhamos o cenário, separando bastante os dois púlpitos, como queria o PT, até que veio um telefonema mudando tudo. Uma tremenda confusão. Mas dessa eu gostei. Confesso até que, de certo modo, eu que a provoquei. E o resultado, não tenho dúvida: foi a realização do melhor debate presidencial da história da televisão brasileira.

O modelo já havia sido adotado na semana anterior, no excelente debate entre Fernando Haddad e Tarcísio de Freitas, que usaram muito bem o tempo continuado com liberdade para administrá-lo, escolhendo os temas e interpelando o adversário como quisessem.

E foi exatamente, depois de ver e avaliar esse confronto em São Paulo — já proposto e recusado — que os assessores de Lula inverteram as exigências de antes. E o telefonema, que veio, me surpreendeu e entusiasmou:

— O Lula quer andar livremente pelo cenário e ficar frente a frente com o Bolsonaro...

É claro que não cobrei coerência com as exigências anteriores. Apenas comecei a comemorar a qualidade do debate que estava a caminho.

Antes, quando quiseram os candidatos parados nos seus púlpitos, com distância grande entre eles, andei defendendo o outro modelo, com liberdades para os candidatos de se movimentarem e de administrarem o próprio tempo, além de escolherem como quisessem os seus assuntos. Inutilmente. Não convenci ninguém, então. Mas achei que, vendo o debate es-

Debate na Veia 119

tadual com o novo modelo, podiam mudar de opinião. Tenho certeza de que foi o Lula pessoalmente quem mudou.

Em todas as vezes que esse debate correu risco, eu mantive a minha expectativa, minha esperança, sempre baseado em duas constatações. A primeira é que Lula é um velho debatedor, passou a vida debatendo. A outra é que Bolsonaro é vocacionado para o confronto, sempre esteve se confrontando com alguma força contrária ou muitas. No fundo, eu podia contar com dois debatedores natos.

Não me esqueci disso em nenhum momento, inclusive quando recebi o telefonema da dupla bolsonarista na véspera do grande debate, querendo cancelar as regras do novo modelo, depois de aprovadas na última reunião.

As regras ficaram, como já relatei, os candidatos fizeram o confronto histórico e gostaram. Pelo menos, elogiaram as regras no final. Mas o mais importante é que o Brasil gostou.

32

O fracasso dói. (Eu sei.)

Nesses quase 40 anos produzindo debates na Band — e alguns em pool, como no segundo turno de 1989 — convivi com poucos fracassos, mas eles foram cruéis.

Num debate em São Paulo, convidei o então candidato a prefeito Fernando Collor — que não tinha direito, pela lei eleitoral — e isso, simplesmente, inviabilizou o evento. Um oficial de Justiça compareceu sem ser convidado, mas com uma intimação na mão, e melou tudo. Debate cancelado. Um candidato, que não havia sido convidado, entrou com processo denunciando o convite a Collor. Imprudência minha.

Em alguns casos, houve ausência de candidato, como, no primeiro turno de 2002, quando o presidente Lula preferiu se ausentar. Ganhou cadeira vazia. No segundo turno, lá estava ele, debatendo com Geraldo Alckmin.

Outros candidatos se ausentaram, como Luísa Erundina, que preferiu atender um convite de última hora da Rede Globo, que marcou um debate no mesmo dia já anunciado com antecedência pela Band. Fez uma entrevista lá e seu adversário, Celso Pita, manteve o compromisso na Band, onde também foi entrevistado. No mesmo horário, Globo e Band empataram as audiências com as duas entrevistas em São Paulo.

O risco faz parte do processo de articulação e produção de debates eleitorais — já que uma candidatura depende muito das circunstâncias de campanha e elas interferem na decisão e nos cálculos dos candidatos. E até, em alguns casos, nos compromissos assumidos com a produção dos debates.

Enfim, um debate é sempre uma hipótese. Isso explica o número de vezes que emissoras de tevê se apressam em anunciar um debate — geralmente querendo fazer o primeiro — e, depois, têm que passar pelo dissabor de informar que desistiram.

Dissabores não faltam e acho que fazem parte do trabalho dos que respondem por uma cobertura eleitoral, ainda mais tentando juntar candidatos para um confronto.

Há muita incerteza nisso, incluindo decisões da produção, que, muitas vezes, precisam ser tomadas e anunciadas antes de haver as confirmações necessárias.

— Você foi precipitado e está pondo a Band em risco...

Ouvi isso de um superior hierárquico, no meio de uma dessas confusões e incertezas às vésperas de um debate anunciado e, de fato, correndo risco.

Minha resposta, talvez com algum cinismo, não podia ser outra.

— O senhor tem razão.

Era aquele debate nas eleições de São Paulo, que acabou virando entrevista na Band e na Globo. Naquele caso, o episódio ficou mais pesado porque a Globo, talvez num ataque de arrogância aguda, simplesmente resolveu fazer o debate dela no dia e na hora do nosso. Acabou se saindo mal. Bem feito.

Numa outra eleição — essa estadual — a Globo decidiu fazer o primeiro debate. Seria uma novidade. Ela já fazia o último, nos dois turnos. Ficamos preocupados na Band. Nossa tradição de fazer o primeiro debate estava ameaçada.

Convidei para um almoço na minha casa os assessores dos principais candidatos. Não seria a primeira vez, muitos debates começaram a ser planejados assim. Na minha casa.

Durante aquele encontro, notei que ninguém ali estava entusiasmado com o primeiro debate na Globo, programado e anunciado com clara precipitação.

Confesso que acabei me metendo no assunto. E houve uma discussão intensa entre os assessores, que acabaram se entendendo. Terminado o almoço, foi redigida uma carta dirigida à Globo em nome daquelas candidaturas, pedindo desculpas e solicitando o cancelamento do debate. Os assessores assinaram, enquanto eu observava.

Mas a Globo insistiu e realizou o debate na data e na hora prevista, só que sem os principais candidatos. O apresentador, Chico Pinheiro, leu um texto de abertura, dizendo que todos estavam comprometidos com o evento, mas que decidiram não comparecer depois de uma certa reunião em algum lugar. Não disse onde, nem sei se a Globo sabia.

Já me falaram que não fui muito ético nesse episódio. Talvez tenham razão.

33

O show beirava o caos

Uma rápida comparação entre o primeiro debate presidencial, aquele de 1989, e os que se seguiram, até este último de 2022, mostra uma trajetória de mudanças constantes.

Mudou tudo. Mudaram as regras, mudou o comportamento dos candidatos, enquanto mudavam o eleitor e o seu modo de ver e julgar os debates. Claro, tudo dependendo das circunstâncias que envolviam as campanhas.

As regras dos debates de 1989 nunca mais se repetiram. Eram experimentais, davam uma liberdade aos candidatos que transformavam o confronto em espetáculos televisivos inesquecíveis.

Quem viu aqueles debates não se esquece dos choques entre Leonel Brizola e Paulo Maluf, por exemplo. Aquilo era um verdadeiro show que as regras, depois muito rígidas, nunca mais permitiram em debates no primeiro turno, com vários candidatos.

Nove candidatos participaram dos debates de 1989. E um interrompia o diálogo entre outros dois, por exemplo, sem nenhuma cerimônia. Pedia aparte e, se o adversário não permitisse, ele insistia, ficava bravo, atacava ou fazia seu discurso paralelo. Às vezes, o confronto beirava o caos e a plateia delirava.

— Não senhor, não lhe dou aparte, dizia Maluf.

— Filhote da ditadura, gritava Brizola.

Esse choque, que ficou na história daquele debate, só foi possível porque havia também uma liberdade de movimentação de câmeras, que hoje as regras, que têm que ser aprovadas pelos comandos de campanha, não permitem jamais.

Na verdade, a palavra estava com outro candidato, quando Maluf interrompeu, fazendo uma afirmação que ofendeu Brizola, e aí o centro das atenções mudou para o choque entre os dois. Brizola pediu o aparte e as câmeras se fixaram neles, num canto do cenário.

Era um desafio permanente para Marília Gabriela que ancorou aqueles quatro debates com grande talento — onde não faltavam nem energia nem simpatia. Desempenho brilhante, como se viu também nas suas participações nos dois debates do segundo turno, confrontando Lula e Collor num modelo, obviamente, diferente.

Depois disso, nos anos eleitorais seguintes, as regras foram tornando os debates mais burocráticos. Nos debates com vários candidatos, no primeiro turno, as câmeras fixas limitam muito o que seria — mas, geralmente, não é mais — um show televisivo.

Já, no segundo turno, com apenas dois candidatos, as possibilidades são grandes. Mesmo com câmeras fixas, tempo de fala rígido e candidatos parados ou até sentados, o confronto é garantido, podendo ser direto ou com algumas variações, como acontece, quando há participação de jornalistas.

Os modelos de debates no Brasil passaram por várias mudanças ao longo desses anos, mas nem sempre com bons resultados. Já produzi alguns, que foram monótonos e burocráticos, com regras excessivas.

Mas, de um modo geral, houve uma evolução clara, na média, com momentos brilhantes e fundamentais para as campanhas e, principalmente, para o eleitor.

Os primeiros debates, sempre na Band, têm uma importância especial. Oferecem ao eleitor o que ele ainda não tinha visto: os candidatos frente a frente, perguntando, respondendo, replicando e treplicando.

É o primeiro momento em que o eleitor pode comparar ideias, programas e estilos, fundamental para escolher ou confirmar a escolha feita.

E com um aspecto de enorme significado: esse primeiro debate dá o tom da campanha, não se esgota nele mesmo, continua se reproduzindo, como pedra no lago, interferindo e pesando na campanha, muitas vezes mudando seu rumo.

O último debate, na Band, no segundo turno das eleições de 2022, entre Lula e Bolsonaro, chegou a atingir mais de 60 milhões de pessoas no Brasil, em menos de um mês. Uma multidão de interessados em política vendo, pela primeira vez um confronto direto e continuado entre os candidatos, em dois blocos de 30 minutos, além do tempo dedicado a perguntas de jornalistas.

Neste debate — assim como no primeiro confronto em São Paulo no segundo turno — foi adotado um modelo inovador, que deu uma dinâmica nova e um nível mais elevado de utilidade ao evento. O eleitor foi o que mais ganhou com esse modelo.

Os candidatos começavam ocupando seus púlpitos, mas, com microfone de lapela e espaço suficiente no cenário, tinham plena liberdade de se movimentar. E eles fizeram isso.

Durante os dois blocos, Lula e Bolsonaro se movimentaram à vontade, se aproximando ou se afastando um do outro, de frente ou até de costas, sempre acompanhados com admirável precisão pelas câmeras dispostas estrategicamente ali. Foi um sucesso.

E isso com a liberdade, não só de escolherem o tema para desenvolver ou colocar para o adversário, mas também de administrar o próprio tempo, o que exigia uma atenção especial de cada candidato. Lula se esqueceu disso no primeiro bloco e gastou quase todo o seu tempo antes da hora, deixando Bolsonaro com mais de cinco minutos na sua fala final.

Mas o presidente aproveitou mal a vantagem: em vez de centrar o discurso em questões ligadas à vida diária do eleitor, preferiu ficar falando de Nicarágua, Cuba e Venezuela, cobrando as relações do PT e dos governos Lula com esses regimes. Coerente com suas bandeiras, mas com pouco apelo eleitoral. Perdeu uma boa oportunidade.

Esse modelo, sucesso absoluto em 2022, já havia sido testado na última campanha municipal em São Paulo, num debate entre Bruno Covas e Guilherme Boulos. Foi bem, mas com efeitos limitados. Ficou aquém de seu potencial porque os candidatos não ousaram deixar seus púlpitos. Um ficou esperando o outro tomar a iniciativa e ninguém saiu do lugar. Cada um escolheu seus temas e administrou seu tempo, mas nada de andar pelo espaço disponível.

Funcionou também como um teste comandado, com sucesso, pelo âncora Eduardo Oinegue, que, em 2022, estaria à frente do grande debate nacional entre Lula e Bolsonaro, já com o modelo ampliado e plenamente realizado[8]. A seu lado, a âncora Adriana Araújo, que a Band acabava de contratar. A dupla comandaria depois o Jornal da Band, numa nova fase. O debate, produzido em pool de emissoras, teve também a participação de Leão Serva, da TV Cultura, e Fabíola Cidral, da UOL, que ancoraram o último bloco do debate. A parceria deu certo.

Eu tinha guardado e alimentado aquela semente do que, dois anos depois, encantou o público e os próprios candidatos na eleição presidencial. Todos elogiaram o modelo e se sentiram muito bem com ele.

---

[8] Participaram como perguntadores, nos dois debates presidenciais na Band, os jornalistas Rodolfo Schneider, Juliana Rosa, Patrícia Campos Mello, Vera Magalhães e Josias de Sousa. Nos debates estaduais, em São Paulo, Thaiz Freitas, Sheila Magalhães, Joel Datena, Ivana Moreira e Paula Valdez. (N. do A.)

Debate na Veia

Acho que não é exagero afirmar que os próximos debates eleitorais no Brasil não poderão — ou não conseguirão — ignorar esse modelo. É um caminho para ser seguido por todos, mesmo que venha com uma outra modificação. E é um orgulho — mais um — da minha equipe da Band, que comemorava o sucesso, emocionada, no estúdio, logo que terminou o debate.

A novidade daquele evento não estava propriamente em algum dos recursos usados, mas na junção de todos eles e no modo de juntá-los, radicalizando seu potencial, como o de deixar que os candidatos se movimentassem livremente, inclusive podendo tocar um no outro.

34

Cuba não falta ao debate

Depois de dominar inteiramente a cobertura eleitoral na TV, no primeiro turno, em 1989, tendo produzido quatro debates presidenciais, a Band foi convidada e aceitou entrar no pool com as outras emissoras, no segundo turno.

Jornalistas experientes se reuniram para os dois debates entre Collor e Lula, o primeiro produzido no estúdio da Manchete no Rio e o último, em São Paulo, na Band.

Convivi intensamente, durante aqueles dias, com esses colegas, sempre em reuniões de produção ou troca de opinião sobre a campanha e os conteúdos que deveriam estar nos debates.

Mas, também, sempre com o cuidado de não explicitar as perguntas que faríamos aos candidatos. Um jornalista não sabia o que o outro iria perguntar.

Eu me lembrei disso, em 2022, quando, diferentemente de 1989, as campanhas de Lula e Bolsonaro queriam saber quais seriam os temas das perguntas. O jeito foi preparar, em reunião dos jornalistas do pool, uma lista genérica de temas e enviar para os assessores. Sem problemas.

Mas, se compararmos as condições e exigências colocadas ou impostas pelas campanhas, a conclusão é que, em 2022, tudo foi mais complicada.

Joelmir Betting, que representava a Globo como perguntador nos debates, e Boris Casoy, o âncora enviado pelo SBT, trabalhariam, mais tarde, comigo na Band. Joelmir, de volta

Debate na Veia 129

à casa, seria comentarista do Jornal da Band, comandado por Ricardo Boechat, e Boris Casoy assumiria o Jornal da Noite por um longo tempo.

Naquele ano de 1989, saindo de 20 anos de regime militar, o exemplo ou a ameaça dos regimes socialistas, dependendo do ponto de vista, estavam nas discussões diárias e não faltaram nos debates.

No ano anterior, eu tinha feito um documentário em Cuba, que provocou várias reações, inclusive um editorial do Jornal da Tarde, radical como sempre contra o regime de Fidel Castro.

Eu conhecia bem a linha da casa, tinha trabalhado lá muitos anos e ainda trabalharia outros mais, como diretor de redação.

Analisando o editorial, achei que ali havia exageros, mas não deixei de reconhecer algumas fragilidades no meu documentário.

Uma delas estava clara: me encantei com as conquistas sociais que encontrei na ilha, como um eficiente sistema de saúde, com o médico de família como base, e o zelo nas escolas com a educação das crianças, mas negligenciei, não dei a atenção adequada à falta de liberdade política e às restrições à circulação de ideias. O editorial, claro, não perdoou.

No final, se referia a jornalistas, que já haviam comprovado sensatez e capacidade de análise em outras circunstâncias, mas, quando chegavam a ilha do "ditador barrigudo", perdiam todo o senso crítico. Era para mim mesmo.

Eu fui a Cuba, convidado, com um grupo de colegas e com eles estive num longo jantar com Fidel Castro, no Palácio da Revolução, seguido de uma entrevista.

Fidel tinha uma teoria própria — ou eu considerava, então, teoria própria — sobre a dívida externa dos países da América Latina. Ele distinguia o que era legítimo e ilegítimo na dívida. Aquilo me intrigava, pedi que ele explicasse e aí veio uma surpresa:

— Você pergunta sobre a questão do que é legítimo e ilegítimo na dívida externa. Foi um jornalista brasileiro, Joelmir Betting, muito brilhante, muito bem informado que escreveu isso, tratando de conciliar a minha teoria com a teoria dele sobre a dívida...

Esclarecido: a famosa teoria de Fidel Castro, contestando como ilegítima parte da nossa dívida externa, se baseava numa avaliação do meu colega Joelmir Betting, que não estava naquela viagem, mas que já havia entrevistado Fidel Castro algum tempo antes.

O líder cubano insistia na tese de que a histórica exploração das riquezas da América Latina, como a prata e o ouro levados daqui pelos países centrais do capitalismo, compensam de longe grande parte das nossas dívidas. Seria a parte ilegítima.

Conversei muito — e até me diverti, confesso — com o Joelmir sobre isso. Chegamos a produzir uma boa edição do programa Canal Livre, onde eu contava a história dessa entrevista e, em seguida, exibia a declaração de Fidel Castro explicando sua teoria. Uma teoria, como o programa deixava claro, nascida de uma avaliação inicial de Fidel Castro sobre a exploração externa das riquezas em nosso continente e de uma reflexão de Joelmir Betting sobre ela.

No documentário sobre Cuba, eu havia dado um bom espaço para esse episódio, destacando a citação de Fidel a Joelmir Betting.

Os colegas, que estiveram naquela viagem ou em outras anteriores, gravaram avaliações da revolução cubana, a meu pedido. Encerrei com eles e suas opiniões variadas, entre elogios e críticas. O mais rigoroso contra o regime cubano foi Boris Casoy, sempre duro com o comunismo e assemelhados.

É claro que, na convivência daqueles dias em que preparamos, produzimos e exibimos os debates, Cuba e os regimes socialistas estiveram entre os assuntos que eu, Boris e Joelmir discutíamos,

Debate na Veia 131

cada um com sua experiência pessoal na ilha de Fidel Castro. E o tema acabou entrando nos debates.

Eu me lembro de uma pergunta do Boris sobre o exemplo de Cuba, respondida com cuidado e bastante moderação pelo candidato Lula, sempre perseguido pelo assunto. Até hoje — e não por acaso.

35

Ustra ou Fleury? Parada Dura.

— Qual é o nome mais representativo da repressão à luta armada no Brasil?

— O coronel Brilhante Ustra, claro...

— Sou mais o Fleury.

Uma reunião de pauta na redação pode ser rápida e eficiente ou longa, arrastada e inútil.

De novo, senti aqui, ao iniciar este capítulo, a influência do Conselheiro Acácio, que já andou aparecendo no começo do livro. Mas vale esta obviedade, assim de relance, já que as tediosas e múltiplas reuniões continuam sendo uma permanente ameaça à eficiência de qualquer redação.

Aquela, numa tarde de sexta-feira, foi rápida e fortaleceu por algum tempo, com uma pauta ainda inédita, uma revista feita com carinho, mas que já estava condenada a parar de circular por falta de condições econômicas. Durou ainda alguns poucos anos.

A edição fez barulho. O público ainda não tinha visto nada parecido com um "Dossier da Luta Armada", como era chamada na capa aquela reportagem de 41 páginas, contando a história da guerrilha no Brasil.

Brilhante Ustra teve que ceder o lugar para o delegado Sérgio Fleury, mas ganhou, depois, em outra edição especial, seu destaque devido como o grande nome da tortura.

A edição dedicada à guerrilha começava com duas páginas totalmente ocupadas por fotos — uma, com a do filho de Fleu-

Debate na Veia 133

ry e a outra com a de Clara Charf, esposa de Carlos Marighela. Cada um dos dois seguravam orgulhosamente com as duas mãos uma foto pequena emoldurada do pai. Um confronto estético e moral entre a repressão e a subversão nos tempos da ditadura.

Na linha daquele sucesso, ajudando a dar alguma vida à revista, que caminhava para o seu final — e aqui o nome "Afinal" não ajudava em nada — seguiram-se outras edições especiais, uma espécie de coleção de "Dossiers". O da tortura, onde brilhava o coronel Ustra, e um mergulho na questão dos militares no Brasil completavam aquele projeto. O título "Militares para que?", ouvindo grandes especialistas, historiadores e os próprios militares, provocou uma longa repercussão. É um velho tema no Brasil, que sempre volta ao debate: a função dos militares.

Voltou com mais força, nesta campanha de 2022, envolvido pelo clima de dúvidas e inseguranças, alimentadas de várias maneiras, inclusive pela leitura exótica do artigo 142 da Constituição, que não dá o Poder Moderador às Forças Armadas.

Não dá. Mas a tese contrária sempre aparece, vinda das ondas antidemocráticas, que ainda viajam pelo país, embora, neste dia 20 de fevereiro, em que escrevo este texto, há maior tranquilidade para afirmar que o campo institucional está firme e forte nos seus valores constitucionais. Mesmo porque vozes isoladas não tocarão no clima que predomina nas Forças Armadas, onde, segundo as melhores fontes, cresce a consciência, já destacada neste livro, mas que, por sua importância, merece ser repetida: a consciência de que são instituições de Estado e não de governo.

Por óbvio, fica registrado que não foi outra, nem poderia ser, a conclusão do "dossier" das Forças Armadas na revista, riquíssima em pesquisas histórias, depoimentos, doutrinas e análises.

Mas o tema pairou sobre toda a campanha eleitoral e, naquela noite de julho, na Band, no dia do debate presidencial do primeiro turno e, em outubro, quando Lula e Bolsonaro se confrontaram no segundo turno, lá estava ele, o mesmo tema com os sinais da mesma insegurança institucional, fazendo pesar o ambiente.

Mesmo tendo refluído esse ambiente, depois dos solavancos e seus efeitos dos atos criminosos em Brasília, no dia 8 de janeiro, entendo perfeitamente a angústia — ou mesmo o mau humor — de algum jornalista da velha guarda, que, tendo vivido golpes, contragolpes, 20 anos de ditadura com todos os seus adjetivos e a sofrida reabertura democrática, tenha que perguntar ou ver nas pautas do dia a pergunta ao presidente da República se ele respeitaria o resultado das urnas.

Uma situação surrealista que vivemos durante todo o ano eleitoral e depois, por mais algum tempo — o que justifica objetivamente a angústia de tantos brasileiros, especialmente jornalistas da minha geração.

36

Pode se jogar, o abismo é seu.

Capturar o compromisso dos principais candidatos para garantir a realização do primeiro debate é o grande desafio, que sempre me tirou o sono.

Eu disse capturar? É isso mesmo, é como se fosse uma operação de captura.

Antes de começar o ano eleitoral, eu já partia para os contatos com partidos e pré-candidatos que, então, antecipavam os primeiros sinais de quererem disputar a eleição.

Isso foi minha rotina — e, de certo modo, minha angústia — por muitos anos. Digamos mais de trinta. Na verdade, quase quarenta.

Em alguns anos eleitorais, o tempo ia passando, os candidatos iam se revelando, as articulações avançavam, as candidaturas se consolidavam, e nada. Nada de compromisso claro para a garantia do primeiro debate. Às vezes a demora de um possível candidato a se decidir se tornava um grande problema. A demora de José Serra em 2002 havia atrasado os meus primeiros contatos para pavimentar o caminho do debate, que eu sempre fazia com bastante antecedência. E atrasaria mais se o âncora José Luís Datena não tivesse, praticamente, arrancado numa entrevista com o tucano a informação que ele ainda parecia querer segurar. Em poucos dias, depois da confirmação de Serra, eu já estava com o primeiro debate assegurado com os quatro candidatos: Ciro Gomes, Lula, Antony Garotinho, além de Serra. Esse é apenas um exemplo, mas problemas nun-

136 *Fernando Mitre*

ca faltavam na maioria dos casos, alguns mais difíceis.

As reuniões com partidos e os contatos com os candidatos se sucediam, mas demorava a garantia necessária para começar a fase de preparação da produção do debate. Já disse que, em alguns casos dramáticos, a chamada do debate na programação e o início dos trabalhos de sua produção antecipavam o compromisso, que demorava. Eram os casos mais angustiantes.

Na campanha de 2010, em que disputavam o mesmo José Serra, a petista Dilma Rousseff e a ambientalista Marina Silva, ninguém confirmava presença no primeiro debate já marcado e anunciado na Band.

(Se o leitor achar que fui irresponsável, anunciando aquele debate antes da confirmação dos candidatos, pode ter certeza de que não vou contestá-lo.)

Tempo se esgotando. E eu vivendo a minha angústia — feita da liberdade de ir tomando decisões, que minha função de diretor me dava, e da responsabilidade inevitável, também resultante da mesma função.

Liberdade, escolha, possibilidade, responsabilidade, angústia — quatro palavras que podem ser traduzidas assim: você, diretor, tem que responder pelos seus atos. Se der certo, parabéns. Se der errado, aguente sozinho. Nunca os textos de Kierkegaard, o pai do existencialismo, se enquadravam tanto na minha vida de diretor de jornalismo, como naqueles momentos de uma campanha eleitoral.

Eu via as chamadas no ar, convidando para o debate, que eu mesmo havia autorizado, e ainda não tinha debate para entregar. E com um detalhe: se eu não fizesse isso, não bancasse aquela situação, aí é que não teria primeiro debate mesmo. Ou a possibilidade de ter se aproximaria de zero.

Enfim, dramatizando um pouco mais, eu me lembro de ter convivido, de certo modo, com o clássico conceito de angústia como "vertigem da liberdade". Cuidado, a responsabilidade de se atirar no abismo é sua.

Eu vivia exatamente essa situação, quando recebi um convite da Associação Mineira de Municípios para mediar um encontro entre os candidatos à presidência, em Belo Horizonte.

Contra os meus hábitos e preferências — sem falar no meu conforto pessoal — aceitei o convite na hora. E, na semana seguinte, lá estava eu apresentando aquele encontro para um imenso auditório, com representantes dos 853 municípios do Estado.

Eu ficava de pé, no palco, diante do microfone, enquanto os candidatos ocupavam suas cadeiras lado a lado, esperando serem chamados para falar. Fazia a pergunta e, por sorteio, anunciava o candidato que deveria se levantar, vir até o microfone ao lado do meu e responder no tempo determinado.

Todos respondiam as mesmas perguntas. Não chegava a ser um debate, mas funcionou para o público.

Eu diria que funcionou mais para mim. Era a oportunidade de fechar o debate, com o qual eu estava comprometido até a medula. E a Band também, por iniciativa ou irresponsabilidade minha.

Quando José Serra falava ao microfone, respondendo uma pergunta, cheguei até onde estava Dilma Rousseff para um diálogo rápido. Falei ao ouvido dela:

— Dilma, quero anunciar o debate da Band aqui. Você confirma presença?

— Se o Serra não confirmar, eu também não confirmo.

— O Serra já confirmou.

— Já? Então, eu vou. Pode anunciar.

Logo em seguida, a Dilma estava ao microfone e eu ao ouvido da Marina Silva.

— Marina, vou anunciar agora o debate da Band, ok?

Marina concordou sem discutir.

Depois, fui ao Serra, geralmente o mais complicado. Ele sempre queria discutir.

— Serra, já tenho a confirmação da Dilma e da Marina, estão fechadas com a data do nosso debate. Só dependo de você para anunciar. Quero fazer agora.

— Sim, mas vamos conversar melhor.

— Vamos conversar muito, Serra, mas as duas já querem anunciar agora, resolver isso já. Você não topa?

— Está bem.

Era o que eu queria e precisava. A razão de ter ido a Belo Horizonte naquele dia.

Fui ao microfone, já sentindo a leveza de um grande, indescritível alívio.

— Comunico, em nome de Dilma Rousseff, Marina Silva e José Serra, que o primeiro debate entre candidatos à presidência de 2010 será na Band, no dia 9 de agosto.

Com isso, fiquei absolutamente seguro. Eu anunciava o debate e o compromisso dos candidatos na presença deles. Mandei o trecho gravado para a Band em São Paulo e viajei tranquilo de volta. Completamente livre de qualquer angústia.

Cheguei à redação, eufórico, ainda a tempo de assistir ao Jornal da Band.

Mas tenho dificuldades de descrever minha reação, quando me vi no ar anunciando o debate, sem a referência à concordância dos candidatos. O editor achou que não era importante e cortou aquela parte.

Minha repentina vontade de matar alguém foi neutralizada pelo fato de que o corte tinha sido feito por um excelente editor, que, não tendo sido devidamente orientado, houve por bem reduzir ao máximo a sonora (a minha fala) para ganhar tempo e não prejudicar o ritmo do jornal.

Acabei transformando aquela minha fala em uma nova chamada do debate. Ficou vários dias na programação, Funcionou.

Debate na Veia

E, mais uma vez, com angústias e contratempos (meus), a Band cumpriu sua tradição de realizar o primeiro debate.

Fiquei com aquela sensação de angústia na memória e acabei pautando, anos depois, uma série de reportagens especiais no Jornal da Band. Sim, uma série de seis reportagens brilhantes sobre a angústia, uma condição humana, sempre presente em nossas vidas, com maior ou menor intensidade. Foi um sucesso essa série, feita pelo repórter Giba Smaniotto, sob a supervisão de Fernando Mattar, o mesmo talentoso diretor, comandante da operação dos debates da Band, sempre um belo trabalho de equipe, que acaba envolvendo, em todo o esquema de produção, praticamente o Departamento de Jornalismo inteiro.

Claro que não contei, naquelas reportagens, minhas aventuras solitárias com os debates. Conto agora, pela primeira vez, neste livro.

37

A arte de esconder o voto

No trabalho de meses, às vezes próximo de um ano, tentando organizar um debate, falando regularmente com assessores e candidatos, as relações tendem a ser pessoais e até com alguma intimidade.

Não foram poucas as vezes que fui a comitês de campanha, encontrei candidatos, em reunião a dois, para explicar regras, muitas vezes tentando convencê-los a participar do debate.

Costuma, nesse ambiente, nascer a confiança entre as partes, o que acontece com naturalidade, mas que não deve ter nada a ver com apoio ou adesão. Muito menos, com preferência eleitoral. Isso, além de inadequado, poria em risco o próprio debate, já que, enquanto algum candidato se sentisse muito à vontade, outro poderia ficar inseguro, detectando alguma diferença de tratamento, temeroso de ser prejudicado, e simplesmente decidir não participar.

O fato é que a quebra da confiança, que nunca aconteceu na história da Band, é fatal para qualquer projeto de debate.

E a confiança é conquistada e mantida pelo modo de agir da direção de jornalismo, na condução da produção do debate, não pelas tendências políticas do diretor, o que nem sempre é segredo. E nem deve ser.

O jornalista consciente e ético não abre mão de expressar seus valores e defender suas posições, o que não significa parcialidade na produção de um debate entre candidatos ou

Debate na Veia 141

no trato com a notícia, que é o fato narrado, aquele primeiro compromisso profissional já anunciado aqui.

Nos meus longos anos de articulação e produção de debates, fui inúmeras vezes abalroado por candidatos ou seus aliados e assessores querendo saber o meu voto ou, o que é pior, contando com ele. Não declaro voto, embora, dependendo da campanha, não seja difícil saber em quem vou votar.

Em 1989, no primeiro turno, era.

Em contato com tantos candidatos, aparecia, de vez em quando, algum deles querendo testar minha tendência. Não esqueci um telefonema de Brizola.

O jornalista Roberto d'Avila, que estava com ele na campanha, me telefonou para discutir algum detalhe, na véspera de um dos debates, e, no final, passou o telefone para o candidato.

— Boa tarde, Mitre, como está o nosso debate?

— Tudo certo, governador, vai ser ótimo.

— Tenho certeza disso.

Falou alguma coisa, querendo mexer nas regras, o que já era impossível, e, em seguida, parecia se divertir no seu fraseado cantante:

— Estamos aqui conjecturaanndo... Afinal, em queeem o amigo Mitre vai votar?

Resolvi me divertir também:

— Fico decepcionado com a pergunta, governador. O senhor ainda não percebeu quem é meu candidato?

Não entendi bem o sentido da risada que ouvi do outro lado. Mas o governador gostou da resposta. No mínimo, se divertiu com ela, não sei se a ponto de contar com o meu voto.

38

A História avisa: olha os vices

Os debates entre os candidatos a vice-presidente não fazem parte da tradição na cobertura das eleições na TV brasileira. Deviam fazer.

Na Band, fizemos alguns, que tiveram presença significativa nas campanhas. O de 2002, no mesmo modelo do debate presidencial daquele ano, se tornou um evento importante, no primeiro turno, com boa cobertura da mídia impressa, fortalecido pela presença no estúdio de vários candidatos a presidente.

A paisagem é interessante: na plateia, o cabeça de chapa, sentado, assistindo ao debate, e ali à frente, no palco, o seu vice em confronto com os adversários.

Há boas possibilidades jornalísticas nesse ambiente, como o acompanhamento por um repórter atento a detalhes — como deve ser todo bom repórter — das reações de um candidato, na plateia, ao desempenho de seu companheiro de chapa.

Soa muito interessante, nos dias atuais, quando voltando, nas nossas pesquisas, àquela noite de agosto de 2002, nos estúdios da Band, vamos reencontrar o vice do candidato Lula, o megaempresário José Alencar, denunciando, nas considerações finais do debate, a "escandalosa" transferência de renda, no Brasil, para o setor financeiro.

— Nunca assistimos na nossa história uma transferência como essa em benefício dos bancos, afirmava o vice. É claro que as cabeças do chamado mercado dormiam mal, cheios de

Debate na Veia 143

desconfiança, naqueles tempos. No final do segundo mandato, Lula era aplaudido por eles.

Na verdade, parecia ter funcionado a pleno vapor o pacto defendido por Alencar naquele debate: o capital e o trabalho, "um empresário experiente unido a um defensor do trabalhador".

Já o vice de Ciro Gomes, o Paulinho da Força, insistia num dado familiar e sempre vergonhoso. "33 milhões passam fome", dizia. Hoje, são 35.

A deputada Rita Camata defendia os competentes planos de crescimento econômico de José Serra e o vice de Anthony Garotinho, José Antônio de Almeida, batia num dos mantras da campanha, contra a influência do Fundo Monetário Internacional. "Não queremos ser cobaias do FMI…"

Além do significado do evento em si, esse confronto entre os vices, na Band, visto e analisado com o debate entre os cabeças de chapa, enriqueceu a avaliação dos conteúdos da campanha. Como no caso, mais claro e mais significativo, da participação de José Alencar.

Outros encontros de vice foram organizados na Band, mas sem o rigor e as regras daquele de 2002, que seguiu o modelo do encontro presidencial.

Mas, nas próximas campanhas, a pauta de cobertura e acompanhamento dos candidatos a vice deve se ampliar e incluir os debates. Não faltam motivos jornalísticos para isso. Muito menos históricos.

Os vices têm presença forte — e, às vezes, fortíssima — na nossa história política. Desde o começo da República.

Quando o marechal Deodoro Fonseca, nosso primeiro presidente, renunciou ao cargo, assumiu o vice, outro marechal, Floriano Peixoto. Assim, nossa República, proclamada num golpe liderado por um monarquista, que era o caso de Deodoro, acabou indo das mãos de um marechal para outro, logo de início, inaugurando, ao mesmo tempo, um hábito ou vício histórico de abrir caminho para o vice assumir o poder. Sempre lembrando que não faltam exemplos em que tudo se fez dentro das normas constitucionais, seguindo as melhores práticas do ritual democrático.

Mas, no caso do Floriano, que deveria convocar eleição para a escolha do novo presidente, o ritual previsto foi simplificado. O nosso segundo marechal no poder não quis saber de urnas. Ficou e virou o "Marechal de Ferro". Vencido o mandato original, passou o poder para o eleito Prudente de Moraes, nosso primeiro presidente civil. Mas aqui também tinha vice espreitando.

Prudente adoeceu gravemente e foi substituído pelo companheiro de chapa, Manoel Vitorino, que simplesmente tentou dar o golpe. Mais tarde, entre crises, Prudente voltou.

Quando morreu o presidente Afonso Pena, em 1909, assumiu Nilo Peçanha, mais um vice no poder. O que vem a seguir é um caso inusitado de vice no poder.

Reconhecido por ter feito um bom primeiro governo, depois de receber as contas públicas saneadas de Campos Salles, o presidente Rodrigues Alves foi eleito, 14 anos depois, para um segundo mandato.

Não tomou posse. Morreu, derrotado por uma febre — que não foi a espanhola como vários historiadores escreveram — e deixou o lugar para o vice. Mas que vice!

Muitos o conhecem. Alguns, não.

Nome: Delfim Moreira.

Estado natal: Minas Gerais.

Filiação política: Partido Republicano.

Características: comportamento estranho.

Segundo Rui Barbosa: doido varrido.

Delfim Moreira assumiu a presidência e, logo, se tornou inviável no governo, tomando as atitudes mais estranhas, como

Debate na Veia 145

a de chamar sua guarda pessoal para uma missão urgente ao centro da cidade. Era para comprar um colarinho de camisa, modelo novo recém-chegado da Europa.

Numa reunião sobre obras no Rio, recebeu o projeto desenhado de uma delas, enrolou o papel, fez um canudo, foi para a janela observar o movimento da rua, olhando por ele, como se fosse uma luneta ou algo parecido. Os espantados participantes devem ter se retirado da reunião. Não apurei.

Ruy Barbosa, num daqueles dias, saiu indignado do palácio, depois de esperar longo tempo por uma audiência com o presidente, que não aparecia. Ruy notou que ele, em vez de entrar na sala, ficava espreitando por uma fresta entre as cortinas. Saiu xingando o doido varrido.

Àquela altura, as decisões de governo eram tomadas por Afrânio Mello Franco, ministro da Viação.

Mas não deu mais. Foi convocada uma eleição, de acordo com a Constituição, e assumiu Epitácio Pessoa, que, aliás, venceu Ruy Barbosa.

É comum, no Brasil, dizer que nossos presidentes fizeram muita loucura. Mas, com diagnóstico da Ciência, Delfim Moreira é único. Não chegaram a examinar Jânio Quadros.

A história se aproxima dos nossos tempos e os vices vão cumprindo sua tradição.

Quando Getúlio se mata, em 1954, assume Café Filho. Não esquenta o lugar. Logo é afastado, com um alegado problema cardíaco, assume o presidente da Câmara, Carlos Luz, que se une à UDN de Carlos Lacerda para dar um golpe contra Juscelino Kubitscheck, que já estava eleito. Deu errado. O marechal Henrique Teixeira Lott, no seu contragolpe, depôs, numa madrugada, Carlos Luz e colocou em seu lugar o presidente do Senado, Nereu Ramos, que deu posse a JK.

Foi tudo tão rápido e noticiado precariamente que um sobrinho de Carlos Luz se apresentava, numa cidade mineira, como parente do Presidente da República, quando foi corrigido:

— Não, você não é mais sobrinho do presidente.

Eu era menino e assisti a essa cena, quando contaram para aquele personagem que o tio dele tinha sido derrubado do poder na madrugada.

Mas novos vices estariam a caminho da presidência, como José Sarney com a morte de Tancredo Neves, Itamar Franco com a queda de Fernando Collor e Michel Temer, quando caiu Dilma Rousseff.

Num programa Canal Livre, na Band, ouvi Michel Temer, logo ele, dizer que "vice não manda nada".

É o tipo da questão que precisa ser explicada e que depende das sempre volúveis circunstâncias políticas.

A nossa história sugere que, no mínimo, o eleitor deve prestar mais atenção ao vice numa campanha eleitoral. É aí que um debate de vices faz muito bem.

39

Sinais da liberdade voltando

Quando começou a reabertura democrática no Brasil?

Essa pergunta frequentava a discussão inevitável, que crescia nas madrugadas de São Paulo, em torno das mesas de cerveja — ou algo mais forte — nos diversos botecos vizinhos das redações, celebrando o ritual obrigatório depois do fechamento de mais uma edição.

Eu escrevi São Paulo? Pode acrescentar aí Rio, Belo Horizonte — madrugadas que conheci bem — e Recife, Salvador, Porto Alegre ou outras cidades onde houvesse jornalistas, redações e seus complementos naturais: os botecos enfumaçados e sempre acolhedores.

— O passo inicial, governador, não teria sido a Emenda 11?

Eu não estava numa das discussões de madrugada, mas inspirado nelas, quando fiz essa pergunta ao novo governador de Pernambuco, Marco Maciel, num Canal Livre da Band.

Ele acabava de assumir o mandato, em 1979, depois de ter sido presidente da Câmara dos Deputados, quando foi aprovada a Emenda 11, que em seguida iria para aprovação no Senado, presidido por Teotônio Vilela. (Que dupla no comando das duas casas do Congresso, hein?)

Marco Maciel concordou com a pergunta e traçou um caminho claro para a consolidação da reabertura, que se cumpriu, depois, nas suas linhas principais.

Confiro agora o artigo 1o da Emenda Constitucional número 11, de 13 de outubro de 1978, e vejo que a pergunta, embora inevitável naquele momento, era bastante óbvia.

"Desde a expedição do diploma, até a inauguração da legislatura seguinte, os membros do Congresso Nacional não poderão ser presos, salvo flagrante de crime inafiançável, nem processado criminalmente, sem prévia licença de sua Câmara" — dizia o texto, que o governador desenvolveu na entrevista, respondendo outras perguntas. Eu me lembro do historiador Carlos Guilherme Motta participando do programa e do âncora José Augusto Ribeiro, que, mais tarde, seria meu colega, quando me tornei diretor da Band.

No cruzamento de perguntas e respostas naquela noite — levantadas outras hipóteses de primeiro passo da reabertura — um aspecto marcou o programa: a obsessão pelo fim do regime militar, o que era lugar-comum no jornalismo brasileiro, e nem poderia ser diferente.

Outra pergunta que fiz a Marco Maciel — e que posso reconstituir aqui com precisão — era também pauta obrigatória. E continua sendo.

— Governador, olhando a realidade social do país, me parece claro que um liberal bem intencionado como o senhor deve viver um grande dilema…

— Que dilema?

— É o que eu pergunto. O senhor prega a redução do Estado, mas como interferir na nossa absurda desigualdade sem uma presença forte do Estado?

— Não é uma pergunta difícil e eu não prego enfraquecer o Estado. Nas questões sociais não.

Em seguida, argumentou bem, para um liberal como ele, contra o que chamou de presença excessiva do Estado na economia e defendeu, com competência, políticas públicas em áreas como educação e saúde. Enfim, um bom discurso, que chamo de memória aqui, e que um liberal competente e sincero, como ele, sempre sabe fazer.

Debate na Veia 149

Lá estava o mesmo discurso liberal, 10 anos depois, na boca de alguns candidatos à presidência, naquela noite de 17 de julho, uma segunda-feira, no primeiro debate depois de 20 anos de ditadura. Os conflitos de posições esquentavam a noite, no estúdio da Band, em frases que faziam vibrar a plateia.

— Temos que reduzir a presença do Estado perdulário. (Guilherme Afif falando.)

— É a raposa no galinheiro. (Falando o Brizola.)

A discussão continuou, no debate político no Brasil, inclusive nas várias entrevistas, das quais participei, nos anos seguintes, com Marco Maciel, já vice-presidente de Fernando Henrique, que nunca perdeu a oportunidade de falar bem dele.

— O Marco é o vice-presidente ideal.

Eu o ouvi dizer isso mais de uma vez.

Assim como ouvi várias vezes suas respostas irritadas, quando vinha alguma crítica, considerando seu governo neoliberal.

Uma vez perguntei isso a ele numa entrevista. Ouvi:

— Tenho visto essa bobagem por aí. São os neo-bobos.

Mas o fato é que a velha questão colocada naquela entrevista com o governador de Pernambuco no final dia anos 70, passando por diversas formulações e usos diferentes de linguagem, continua por aí. A questão e a motivação real que dá substância a ela: a constrangedora distribuição de renda no país.

Nos tempos duros da pandemia, que colocou numa indiscreta vitrine todas as nossas mazelas sociais, o enfrentamento da pobreza chegou a ganhar a consciência e a disposição para agir da sociedade. Passado o império do vírus, o tema foi voltando aos seus lugares de antes, aos nichos que sempre o agitaram.

Esteve presente — e com força — em todos os debates presidenciais e, na última campanha, agitou vários momentos dos confrontos entre Lula e Bolsonaro. Continuou forte no discurso do presidente eleito — e, às vezes, até em algumas iniciativas vistas como pouco habilidosas ou politicamente pouco eficientes, embora bem intencionadas. Depois, já entrando no oitavo mês de governo, o discurso já se expressava na prática das primeiras políticas sociais, com muitas dificuldades e dúvidas. O país acompanha.

Mas aqueles avisos dados pela pandemia, quando a consciência geral do problema a enfrentar parecia ter chegado a toda a sociedade, parecem ter se dissolvido no dia a dia. O problema não dá mais a impressão de ser de todos. E aquela pergunta — sobre o alcance da atuação eficiente e direta do Estado na redistribuição de renda — continua atual e valendo para todos, liberais ou não, num país com os problemas sociais como os nossos.

40

Sarney reage aos ataques

No dia seguinte ao da exibição do debate, o primeiro daquele 1989, que repercutia no Brasil inteiro, o presidente da República, José Sarney, ligou para a Band.

Reclamava — melhor dizendo, lamentava — com o sr. João Saad, presidente da Band, o tratamento que havia recebido durante o debate. Tinha razão.

Os candidatos ali se defrontando, pela primeira vez diante do público na tevê, queriam ficar o mais longe possível de impopularidade do presidente e de seu governo, quando já iam longe as ilusões do Plano Cruzado. A inflação atacava impiedosamente o bolso do brasileiro.

Era esse o principal motivo da oposição e críticas ao governo. Os candidatos, no debate, disputavam o espaço e a oportunidade de atacar o governo Sarney.

Naquele telefonema, ficou acertado que os mesmos jornalistas, que participaram do debate, fariam uma entrevista com o presidente.

No dia seguinte, voei para Brasília, com o diretor-geral da Band, Rubens Furtado, a pedido do presidente, para combinar com sua assessoria os detalhes da produção da entrevista. A lista incluía escolha do local, horário, equipe, colocação de câmeras, iluminação e outros detalhes da gravação que, confesso, nunca estiveram entre os assuntos que eu dominava. No dia da gravação, mandei gente competente do corpo técnico da Band para conferir tudo.

Mas o convite do presidente teve outro sentido. Logo que terminamos a reunião de produção, um assessor veio nos chamar para ir falar com ele. Sarney nos recebeu com muita simpatia, sorridente, nos convidou para sentar e, logo, desfiou a pauta da nossa conversa.

A ideia era ir exibindo, durante a entrevista, trechos do debate, com as críticas ao presidente, para que ele fosse respondendo uma a uma. Discordei:

— Isso pareceria uma longa sequência de direitos de resposta, presidente, e não uma entrevista.

O presidente não insistiu na ideia. Entendeu que o melhor era dar a entrevista, normalmente, respondendo as perguntas dos mesmos jornalistas que haviam perguntado aos candidatos no debate.

O meu chefe, na época, Rubens Furtado, e eu saímos dali bem impressionados com o respeito do Presidente pelo jornalismo. Eu, aliás, já não tinha dúvida sobre o espírito democrático demonstrado por José Sarney, desde a morte de Tancredo Neves.

Saímos daquela reunião com um único ponto acertado. As perguntas, na entrevista, teriam como referência principal os temas discutidos no debate. Na verdade, ali estava tudo o que interessava ao Brasil naquele momento.

Foi uma entrevista objetiva e dura. Marília Gabriela, ancorando, José Augusto Ribeiro, José Paulo de Andrade e eu inquirimos o presidente, durante uma hora, cobrando tudo o que podíamos do governo. A começar pelo saneamento das contas públicas que ele prometeu e não fez.

Sarney respondeu tudo, enfrentando com tranquilidade as perguntas mais duras, tão duras que motivaram um editorial na primeira página do jornal O Globo, recriminando os jornalistas pelo tom que considerava desrespeitoso numa entrevista à um presidente da República. Fazia uma exceção a José Augusto Ribeiro.

Debate na Veia 153

Sarney não reclamou da entrevista. Pelo contrário, nos convidou para almoçar com ele no Alvorada, quando se permitiu uma brincadeira, falando com a esposa, no momento em que a mesa era posta.

— Marli, chame os meus algozes para se sentarem.

O Globo publicou aquela entrevista na íntegra, como se fosse uma espécie de balanço do governo Sarney.

O ponto que mais destacamos — e insistimos muito nele por razões óbvias — era a inflação descontrolada e a complacência do governo com ela, fugindo das medidas mais duras que ainda dava para tomar.

Mas seria injusto não valorizar a posição democrática daquele governo de transição, que vinha de 20 anos de ditadura. Valorizamos.

Não me esqueço de que, no dia seguinte à publicação da entrevista e do editorial no Globo, o assunto reaparecia num artigo no jornal O Estado de S. Paulo. Nele, o diretor Luís Cláudio Cunha, da sucursal de Brasília, defendia vigorosamente o comportamento dos entrevistadores de Sarney, contra as críticas do editorial do Globo.

Eu me senti reconfortado, quando li no texto de Luís Cláudio uma referência aos "quatro jornalistas com o currículo profissional impecável". Gostei.

Gostei mais ainda, quando vi no Jornal do Brasil, na coluna de Millor Fernandes, ilustrada por bicos de pena dos quatro entrevistadores do presidente, um rasgado elogio ao nosso trabalho.

"Os jornalistas se comportaram muito bem. Nenhum puxou saco, coisa tão comum em nossa tevê, do entrevistado. Tentaram o que podiam. Só fiquei decepcionado porque esperei que, a qualquer momento, um deles, dando relevo, importância e dignidade à nossa profissão, simplesmente se levantasse e se retirasse ... É assim que se faz história."

Li o texto do Millor, apreciei o elogio, mas não concordei com o protesto sugerido. Sarney não merecia aquilo.

Enquadrei a coluna e a coloquei na minha biblioteca. De vez em quando, dou uma olhada nela, como agora quando escrevo este texto.

Penso, no entanto, que toda aquela discussão, com críticas e elogios ao nosso trabalho — editorial no Globo, coluna no Estadão, reação de Millor Fernandes no Jornal do Brasil — não aconteceria hoje. Não faria o menor sentido.

Mas, naquele tempo, o país mal saído da ditadura, ainda não estava acostumado a ver uma entrevista objetiva e, na medida da necessidade da informação, dura ou ousada com uma autoridade da República, ainda mais com o presidente.

Muitas vezes, entrevistando outros presidentes, como Fernando Henrique Cardoso, fui muito mais duro e agressivo do que naquele dia com Sarney. E tudo visto com tranquila normalidade. A ditadura faz mal e quer corroer a liberdade, até depois de morta. Pelo menos, por um certo tempo.

41

Virou circo? O público gosta.

A plateia se diverte, costuma vibrar até, quando ocorre, num debate cheio de regras e de candidatos, um confronto diferente ou inusitado. Às vezes, o episódio não tem grande importância política, mas funciona como uma espécie de show televisivo à parte.

Melhor mesmo, como se fosse um roteiro ideal de programa político na televisão, é quando o show e o significado eleitoral se encontram. Entre os exemplos clássicos, estão cenas como aquela do primeiro debate de 1989, protagonizada pelos adversários ferrenhos Leonel Brizola e Paulo Maluf, o "desequilibrado" contra o "filhote da ditadura". Mas, ao longo de quase 40 anos de debate, não faltam episódios que fariam sucesso até num picadeiro. Ou, principalmente, num picadeiro.

De repente, coincide num debate de primeiro turno, apinhado de candidatos, a oportunidade de um desses shows, quando chega a hora, por exemplo, de um ex-presidente Fernando Collor perguntar para um Dr. Eneas, pitoresco candidato do Prona, como aconteceu, na disputa pela prefeitura de São Paulo em 2000.

O jornalista José Paulo de Andrade, que apresentava o debate, anunciou:

— Agora o candidato Fernando Collor faz a sua pergunta para o candidato Eneas Carneiro. O senhor tem 1 minuto.

Collor olhou para o Eneas, fez um gesto rápido de impaciência com as duas mãos e mandou:

— Fale qualquer coisa aí...

— Uma beleza, ótimo, o senhor foi presidente da República e não tem nada a dizer. Eu tenho muito...

E aproveitou seu tempo para defender algumas ideias para São Paulo. A palavra voltou para o apresentador.

— Candidato Collor, o senhor agora tem direito a mais 1 minuto para fazer sua réplica.

As gargalhadas do público voltaram a encher o estúdio, quando Collor disse:

— Pode continuar falando aí... vai...

O dr. Eneas funcionava bem como debatedor, animava a plateia, com seu modo peculiar de falar, defendendo ideias, no mínimo, estranhas, certamente antidemocráticas.

Num programa Roda Viva na TV Cultura, Eneas Carneiro, então candidato à presidência da República, em 1994, contestou o direito de Lula ser candidato à presidência da República.

— "É uma pessoa despreparada..."

Os colegas Clovis Rossi e João Paulo Kupfer, que estavam entre os entrevistadores, reagiram contra aquele disparate preconceituoso. Eu, que também estava lá, mais ainda.

Até hoje aparecem nas redes sociais e — e, às vezes, recebo diretamente — vídeos editados de trechos dessa entrevista, com comentários irônicos ou agressivos, e, não raro, bastante violentos, de apoiadores daquelas ideias.

Num momento em que ele insistia no baixo nível da "maioria esmagadora" dos nossos políticos, eu o interrompi:

— Dr. Eneas, o senhor me desculpe, mas temos aí, entre os candidatos a presidente, o maior líder popular do Brasil, que é o Lula, e o Fernando Henrique, um sociólogo respeitado no Brasil e no exterior...

Foi o que bastou para ele atacar a candidatura de Lula, com a tese de que não tinha preparo para isso. Não poderia se candidatar.

— O senhor diz líder ... mas eu não consigo entender que se lance para a presidência da República alguém que nunca estudou, que se exprime com muita dificuldade, na linguagem falada ou escrita ... que nunca foi educada...

Eu o interrompi de novo, já sentindo que estava perdendo tempo:

— O senhor mostra um preconceito absurdo...

Os colegas também reagiram. Inutilmente, claro, diante das convicções do entrevistado.

Cheguei a me assustar, quando vi um daqueles vídeos editados da entrevista com mais de 10 milhões de acessos. Imaginei o que seria o resultado da soma dos acessos a todos eles — ainda mais considerando que esses vídeos continuam por aí, torrando minha paciência. Pelo menos, me lembram o tempo em que eu tinha cabelos pretos, hoje completamente desaparecidos sob a agressão branca.

42

A praga das *fakes news*

A atenção ao perigo ou à armadilha das *fake news* é um fator inevitável de permanente tensão na vida de um diretor de jornalismo — a rigor, na vida de qualquer jornalista — principalmente em ano eleitoral.

As *fake news*, a informação falseada, a mentira pura e simples nas suas diversas formas, as declarações deturpadas — ou sejam que nomes forem para designar essas distorções — atacam o tempo todo, como já vimos alguns casos aqui.

Não faltam episódios na nossa história política, que podem ajudar a reforçar esse alerta necessário. São advertências mais do que convincentes. Alguns casos podem ser considerados como fatores determinantes de resultados eleitorais.

A derrota do brigadeiro Eduardo Gomes, da UDN, para Eurico Gaspar Dutra, do PSD, em 1945, apoiado por Getúlio Vargas nos últimos dias, é um desses episódios que mostram como uma mentira pode ser criada, trabalhada e divulgada numa campanha eleitoral. E até onde pode interferir na realidade.

O candidato udenista, Eduardo Gomes, falando para a elite carioca no Teatro Municipal, em clima de vitória, a 2 semanas da eleição, disse que não queria voto de uma "malta de desocupados que andam por aí".

Poderia ter sido apenas uma frase infeliz ou descuidada de um candidato pouco habilidoso, como é quase uma rotina em campanhas eleitorais.

Mas ali o bicho pegou, como entendeu e temeu o correligionário Carlos Lacerda, um jornalista brilhante e incendiário,

Debate na Veia 159

golpista emérito e conhecedor de todas as fórmulas perigosas — ou mesmo diabólicas — da arte de comunicar.

Parece que Lacerda até tentou convencer o Brigadeiro a retificar a frase antes de explodir a repercussão, mas não teria conseguido. Outra versão diz que Lacerda só propôs, inutilmente, a reação do candidato, algum tipo de explicação, depois de derramado todo o leite.

O que soa como unanimidade, nesta história, é que a vítima, o intransigente Eduardo Gomes, não demonstrou nenhuma preocupação com aquilo durante os últimos dias de campanha. Miopia. Sua candidatura estaria sendo demolida sem que ele percebesse. Mas quem armou a cilada e como?

A frase naquele discurso do candidato udenista no Rio havia chegado, logo em seguida, à mesa do empresário trabalhista Hugo Borghi, dono de cerca de 150 rádios que atingiam os mais remotos pontos do país.

Se o Brigadeiro não queria voto de uma "malta", a ideia de Borghi foi abrir o dicionário para avaliar o potencial semântico da palavra. E lá está, entre outros significados: "turma de trabalhadores que comem em marmita".

A palavra veio fácil: "marmiteiro". Ou operário, ou mesmo trabalhador, palavra da preferência de Getúlio Vargas, que logo iria declarar apoio ao Marechal Dutra, ajudando a devastar o que ainda restasse de simpatia ou aceitação da candidatura do Brigadeiro entre o operariado.

Os "marmiteiros" cresceram na campanha, nos últimos dias, não só correndo o Brasil no noticiário das rádios de Hugo Borghi, como também nos grandes comícios e outros eventos programados para o Marechal Dutra. Nos comícios, marmitas eram agitadas pelo público, faziam até batucadas com elas. Um sucesso.

A vitória veio fácil — sendo clara a influência da *fake news* elaborada por Hugo Borghi, que muitos consideraram, na época, a causa principal da reviravolta. Difícil ter certeza.

Mas ficou a marca da *fake news* naquela campanha, como já tinha ficado em campanhas anteriores, como no caso de outro marechal: Hermes da Fonseca.

Ex-presidente da República, presidente do Clube Militar, Hermes da Fonseca foi ofendido pessoalmente e as Forças Armadas juntas, em duas cartas violentas publicadas no Correio da Manhã, atribuídas ao governador de Minas e candidato à presidência, Artur Bernardes.

O clima daquela campanha já era pesado. Com as cartas se tornou explosivo. Os quartéis ficaram em pé de guerra.

E as cartas eram falsas.

Foram forjadas num papel timbrado do governo de Minas, como ficou claro algum tempo depois. Mas o mal já estava feito. Não impediu a vitória de Artur Bernardes sobre o adversário Nilo Peçanha, mas ajudou a transformar seu mandato numa espécie de inferno político, alimentado por rebeliões militares e ameaças variadas, enquanto era mantido por um estado de sítio permanente, só quebrado durante 4 meses.

Esse episódio mostra como a mentira política — às vezes, até tendendo ao absurdo — produz estragos, mesmo depois de desmascarada.

Hoje, na sociedade em rede, com todos os gatilhos disponíveis para disparar *fake news* 24 horas por dia, a cobertura jornalística nos anos eleitorais chega como um desafio que exige atenção e eficiência permanentes na avaliação minuciosa da avalanche de notícias em movimento. Sempre de olho nas armadilhas que andam, cada vez mais intensamente, por toda parte.

Separar a realidade factual da praga de *fake news* em terreno pantanoso foi a missão que cada jornalista responsável cumpriu ou tentou cumprir no Brasil neste 2022. Um tempo de fake news, numa dimensão nunca vista, temperado por ondas de ódio e fanatismo.

Debate na Veia 161

Ao relatar esse quadro, me vem à lembrança um texto clássico de Paul Johnson, "Os sete pecados capitais da Imprensa", que começa com a distorção, em duas variações. A distorção deliberada é a primeira: mentira constante e consciente, uma agressão permanente à sociedade, sob o bombardeio de informações distorcidas, configurando gravíssimo problema ético.

A outra variação é a distorção inadvertida, resultado de equívoco ou simples incompetência, o que não significa que não possa produzir resultados trágicos, como o assassinato de reputações, algo muito comum no nosso tempo. A distorção inadvertida pode ser corrigida, mas sempre sob o risco de chegar tarde demais.

Mas é a mentira constante e deliberada, como Paul Johnson descreve a primeira variação da distorção, que pode corromper de maneira sistemática corações e mentes numa sociedade. E mais ainda no ritmo alucinante da informação de uma sociedade em rede, que o autor dos "Sete Pecados" não chegou a vivenciar.

Ele escreveu aquele ensaio sobre a ética e a imprensa, mas quem conhece suas reflexões e meditou sobre elas, avaliando o potencial de efeitos trágicos da distorção, vai direto ao campo minado das *fake news* que agride a nossa sociedade permanentemente. É, no mínimo, um modo de conhecer e entender melhor a praga que nos ameaça a todos e que deve ser combatida por todos. A começar pela vigilância permanente — ainda que nem sempre seja bem sucedida — em todas as redações.

43

A noite da bomba no jornal

No festival democrático que foram os primeiros debates na Band, muitas das mazelas do regime militar — como a sempre odiosa tortura, as perseguições e a censura, como também a corajosa e equivocada luta armada — tiveram seu espaço, mas sem que nublassem o horizonte desejado pela maioria dos brasileiros e no qual estava empenhada a grande maioria dos debatedores. Tratava-se do novo Brasil.

Já ia longe, ou se distanciando bastante, o ambiente que asfixiava a política e as redações. Ali no estúdio, era clara a euforia dos colegas cobrindo um debate eleitoral, depois de 20 anos de ditadura. Muitos viveram episódios, como invasão de redações pela polícia ou presença física de um censor atarraxado na mesa ao lado.

Vi naquela noite, na legião de jornalistas disputando lugar no estúdio, alguns que tinham sido presos pela ditadura, outros perseguidos de várias formas, todos trabalhando, como se estivessem comemorando o evento que cobriam.

Alguns tinham sido meus companheiros de momentos duros na redação, inclusive na madrugada da explosão de uma das quatro bombas que foram colocadas no Estadão, de nem sempre claras colorações ideológicas.

Naquela madrugada de 20 de abril de 1968, os poucos jornalistas, que ainda estavam na redação do Jornal da Tarde, terminaram seu trabalho, deixaram a última página fechada na mesa da diagramação e se encaminharam para os elevadores de saída do quinto andar.

Debate na Veia 163

Não tinham a menor noção de que aquela edição seria quase toda refeita com uma manchete bombástica que ficaria na história do velho "Estadão" e do Brasil. E que eles, aqueles jornalistas, seriam os personagens da notícia que estariam escrevendo e editando em algumas horas.

Era eu o editor de reportagem geral, que acabava de encerrar o trabalho, depois de escolher as fotos, logo colocadas com os textos e legendas dentro do diagrama, que era dobrado com carinho, finalizando o ritual do fechamento da página.

Ao descrever agora aquela operação de fechamento (edição) de uma página de jornal, me vem a dúvida ou a dificuldade de imaginar com precisão como reagiria a isso, hoje, um jovem jornalista que pode concentrar todo esse trabalho sozinho num celular. Fico curioso.

Entregue o precioso, e sempre caprichado, pacote para a diagramação, chamei meus redatores, aqueles que ainda estavam por ali, para irmos jantar no restaurante Gigetto, perto da então sede da S.A. O Estado de S. Paulo, empresa a que pertencia o Jornal da Tarde.

Calculo em seis ou sete metros a distância entre a porta de saída da redação, no quinto andar, e os dois elevadores, que tomaríamos para descer. E talvez uns 8 ou 9 metros, da porta do elevador até uma das portarias do prédio, a da esquerda, por onde sempre saíamos, quando o destino era o sempre animado restaurante italiano.

Deixamos a redação, caminhando e parando no corredor a caminho dos elevadores, sem nenhuma pressa. E, assim, ainda estávamos por ali, quando um diagramador, já apavorado com o atraso no fechamento, abriu a porta da redação e vociferou:

— Mitre, está faltando um título na página.

Um dos elevadores chegou, alguns da turma já estavam entrando nele. Ouvi:

— A gente vai andando. Esperamos lá, tomando uma cerveja.

A minha reação, um tanto egoísta, mas evidentemente providencial, como se viu depois, não permitiu discussão.

— Nada disso, saímos juntos daqui a pouco.

Voltamos todos para a redação. Em pouquíssimos minutos, com tudo já resolvido, título feito, uma ou duas legendas aprimoradas, estávamos de volta ao corredor e à prosa animada de sempre, a caminho dos elevadores.

A conversa ali não variava muito: os textos dos repórteres, a qualidade das fotos, os atrasos de fechamento, nada que interessasse a alguém fora daquele círculo de jornalistas fanáticos.

Mas, naquela madrugada, a conversa pode ter sido bem mais importante do que nos outros dias. Na verdade, mais o tempo gasto na conversa do que ela mesmo.

Chamamos os elevadores, chegou o primeiro, um dos colegas já ia entrando, o jornalista José Nicodemus Pessoa, quando houve a explosão.

Um barulho que justifica o lugar comum: ensurdecedor. E um tanto continuado, parecendo abalar o prédio todo. Depois soube-se: foi sentido em vários prédios vizinhos, num raio de 500 metros. Passava das 3 horas da madrugada de um sábado, 20 de abril de 1968, dia em que poderia ter morrido um grupo de jornalistas, numa das portarias daquele prédio, na rua Major Quedinho. E onde ficou ferido o porteiro Mário José Rodrigues.

Na edição do Jornal da Tarde daquele dia, refeita em grande parte, com a manchete "Uma bomba neste jornal", havia uma matéria minha no pé de uma página: "Fomos salvos por um título".

O primeiro ponto essencial a considerar é que o tempo de conversa, sem nenhuma pressa, do grupo no corredor, depois de sair da redação, permitiu que o diagramador ainda me encontrasse ali para avisar da falta do título.

Se a conversa tivesse sido mais rápida, o que seria normal

Debate na Veia 165

numa saída do trabalho, teríamos decido e caminhado para a portaria onde estava a bomba prestes a explodir. No caso, o diagramador teria que descer de elevador para me procurar. Poderia chegar tarde.

Outro ponto: se eu, de volta à redação com o grupo, não tivesse aproveitado o tempo, depois de resolvido o título, para refazer as legendas, teríamos voltado mais cedo para o elevador e poderíamos estar na portaria na hora da explosão.

Recompondo todo o quadro — o momento da explosão, o local da bomba, a nossa movimentação nas pequenas distâncias, que percorremos naqueles minutos e outras que poderíamos ter percorrido — e somando tudo isso ao nosso hábito de ir conversando e parando, a conclusão sobre a tragédia que poderia ter ocorrido ali fica mais clara.

E para mim, dentro desse quadro, o risco maior que se correu naquela madrugada foi de uma última cena em que o grupo de jornalistas estivessem conversando na portaria do prédio no momento da explosão. Chegamos muito perto disso.

O livro "Mordaça no Estadão", editado pelo "Estado de S. Paulo", reportagem de José Maria Mayrink, diz que nunca ficou claro de quem foi a autoria do atentado.

O então subsecretário do Estadão, Raul Martins Bastos, entrevistado no livro, lembra que "ninguém reivindicou a bomba" e que a "perplexidade era geral". Era mesmo.

Em 14 de novembro de 1983, ocorreria mais um atentado contra o "Estadão", desta vez já na nova sede, no Bairro do Limão. O violento estrondo seguido de chamas que atingiram, pelo lado de fora, até o sexto andar do prédio, ficou comprovado como um atentado organizado e disparado por agentes do governo militar, que entraram no estacionamento, onde produziram a explosão com um dispositivo dentro de um carro. Sem vítimas.

Era um carro-bomba, que fazia parte de um plano de ação tramado para atuar em todo o país, segundo depoimento do ex-delegado do DOPS, Cláudio Guerra, para o livro "Memórias de uma Guerra Suja", de Marcelo Netto e Rogério Medeiros.

No estúdio da Band, naquela noite de debate, em 1989, com tudo isso na memória e num clima em que se misturavam as tensões do confronto político com o entusiasmo democrático, eu sentia claramente que predominava o alívio geral, próprio de tempos pós-ditadura, mas ninguém duvidava de que não faltariam pedras no caminho. Elas estavam por lá e continuam por aí.

44

"Foge disso, meu filho"

— Ah!... olha aí o redator-chefe.

— Boa noite, coronel.

— Pode me chamar de Secretário. Mas me fale antes … o que você vai dizer a seus filhos quando o comunismo tiver dominado o país…?

— Mas o que é isso, Secretário? Por que…?

— Porque vocês jornalistas estão abrindo o caminho…

Eu e alguns colegas do Jornal da Tarde tínhamos gravado uma longa entrevista, naquele dia, com o coronel.

Era o coronel Erasmo Dias, secretário de Segurança de São Paulo, entre 1974 e 1978, linha duríssima no combate aos bandidos e aos comunistas, que ele colocava no mesmo nível, às vezes considerando os comunistas como um perigo maior. E com um detalhe: era difícil passar pela avaliação do coronel e não ser taxado de comunista.

Foi o meu caso — como comprovei naquele encontro e naquele diálogo bizarros, no restaurante Giovanni Bruno, muito frequentado por jornalistas e políticos, na época.

Mais bizarro ainda ficou o ambiente, quando o coronel, entre simpático e agressivo, me apresentou um homem alto, que estava com ele, de pé no bar do restaurante, esperando a mesa. E que logo reconheci, ao cumprimentá-lo.

— Claro que conheço e admiro. Muito prazer, Mauro, nosso grande campeão.

Era o zagueiro central Mauro, campeão do mundo, que

dominava a grande área do Santos. Muito simpático, mas com o cenho carregado, o Mauro, que havia ouvido a nossa conversa, pôs a mão no meu ombro, paternal e delicadamente, e falou em voz baixa, mais ou menos assim:

— Você é muito jovem e quer o melhor para o Brasil. Eu entendo muito os jornalistas e sei que eles, muitas vezes, escrevem bobagens com boa intenção.

Quase 50 anos depois, posso estar trocando uma ou outra palavra, mas o sentido era esse e do fecho de ouro do Mauro me lembro com mais nitidez:

— Meu amigo, eu joguei com o Santos na Cortina de Ferro, eu vi o comunismo com os meus olhos e posso te afirmar: é horrível. Foge disso, meu filho.

Muito fofo o Mauro, diria um amigo saudoso, mestre da ironia. Mas eu, diante daquela conversa inteiramente descabida, descobri logo a causa de tudo aquilo. Era uma cena que, de certo modo, expressava o Brasil daquele tempo, que parece, às vezes, com o Brasil de hoje, em algumas áreas políticas. E não só políticas.

Na entrevista, que fui conferir agora, já discutindo as possibilidades de reabertura democrática, eu havia levantado a ideia elementar de que o país precisava de uma constituinte. Foi o que bastou para provocar a ira do coronel.

— A Constituinte foi a porta aberta para o Lenin impor o comunismo à Rússia.

Em 1918, a Assembleia Constituinte russa se reuniu por 13 horas e só: acabou dissolvida pelo governo provisório dominado por Wladimir Lenin. O coronel, num raciocínio um tanto confuso, passou a atacar Alexander Kerensky, o político moderado russo, primeiro-ministro fraco, engolido pelos bolcheviques — que frequentava, durante anos, os artigos e análises anticomunistas como o símbolo da categoria dos "inocentes úteis" — os que facilitam o caminho dos comunistas.

Debate na Veia 169

Erasmo Dias abusava da expressão, durante a entrevista. E caprichava no final das frases, com raiva e emoção, olhando para os entrevistadores perplexos:

— Inocentes úteis!

A expressão ainda teve seu papel na campanha de 1989, quando uma área significativa de empresários, produtores rurais e políticos conservadores misturavam Lula e Brizola com o perigo comunista que temiam. E as acusações aos "inocentes úteis" apareciam o tempo todo.

Logo depois daquela entrevista no Jornal da Tarde, houve a famigerada invasão da PUC por policiais comandada pelo Coronel Erasmo. Fizeram mais de 900 prisões, pisotearam alunas e alunos, e jogaram bombas onde se reuniam para reorganizar a UNE colocada fora da lei pelo regime militar. Erasmo esteve à frente de toda a operação. E via aquele movimento estudantil como coisa de comunistas — o que compunha com outras ações e reações das áreas conservadoras naquela época e depois.

No segundo turno da eleição de 1989, o líder da FIESP, Mário Amato, dizia que, se Lula vencesse a eleição, haveria fuga em massa de empresários. Delirou: 800 mil deixariam o Brasil — o que expressava bem o clima político no país.

E tudo isso pesava e envolvia também o clima no estúdio da Band, no momento crucial e de enorme tensão, em que começava o último debate do segundo turno, entre Collor e Lula, produzido em pool das quatro emissoras, às vésperas da eleição.

45

Debate em tempos de covid

Os números dramáticos da pandemia do Coronavírus cresciam, com as mortes chegando a 20 mil por mês, quando já passava da hora de fechar com os partidos os debates entre os candidatos a prefeito, nas eleições municipais de 2020.

As direções regionais da Band já haviam feito as primeiras reuniões com os representantes partidários, mas não avançavam os entendimentos. Várias emissoras de TV e rádio, além de jornais e revistas, já estavam recuando.

Com os números da pandemia piorando, as televisões, uma a uma, começaram a cancelar seus planos para debates. Algumas já tinham feito reunião com os partidos e anunciado datas e horários.

Parecia inteiramente descabida a ideia de juntar, num estúdio fechado, 6, 7, 8 ou mais candidatos com uma plateia numerosa, mesmo com o uso de máscaras, quando o distanciamento social, com a recomendação contra aglomerações, estava na ordem do dia.

A Band mantinha a decisão de fazer o debate, mas, com aquele ambiente e as más notícias da pandemia, eu começava a ficar pessimista. Já temia a perda da oportunidade de testar um bom modelo de debate, que estava pronto.

Eu desenhava, redesenhava e conferia o projeto, enquanto o pessimismo ia crescendo diante das dificuldades de produzir o debate naquelas condições.

Debate na Veia 171

Mas a Band foi em frente. Talvez até exagerando nos cuidados. Num certo momento, acho que eu falava mais com infectologistas do que com candidatos e assessores. Andressa Guaraná supervisionava tudo com atenção redobrada na preparação do debate.

Não foram poucas as avaliações e discussões, na direção de jornalismo, em reuniões que visavam, ao mesmo tempo, a eficiência do debate e a segurança contra o vírus, quando ainda não tinha vacina por aqui.

Com todos os cuidados recomendados, e mais alguns, decidimos fazer o debate. Reuniões com apresentação detalhada do plano de debate pela direção da Band aos representantes de partidos e candidatos selaram o compromisso.

Vigilância sanitária total. Exigência de testes, distanciamento previsto e fiscalizado, nada de plateia. Deu tudo certo. COVID: zero.

Em São Paulo e alguns outros Estados, só a Band fez debate. No primeiro e segundo turnos.

No primeiro turno, conseguimos fazer um debate com bom ritmo, apesar do número de candidatos. Aprovadas em reunião por, no mínimo, 2 terços dos candidatos ou seus representantes, como manda a lei, as regras com suas restrições sempre tendem a tornar o debate burocrático.

Mas conseguimos, mesmo com 7 candidatos, flexibilizar um pouco as regras e o resultado foi bom. No segundo turno, o salto de qualidade foi enorme e o resultado, um sucesso.

Os dois candidatos, Guilherme Boulos, do PSOL, e Bruno Covas, do PSDB, tiveram tempo, que eles mesmos administraram, e liberdade suficientes para apresentar suas ideias e programas. Poderiam também se movimentar livremente pelo espaço previsto no cenário. Mas preferiram ficar nos seus púlpitos.

Esse debate, já com excelente resultado, foi uma espécie de teste para o que viria na campanha presidencial de 2022, mais aperfeiçoado.

Nem a pandemia, portanto, conseguiu parar os debates da Band. E aquele 16 de setembro de 2020 marcou a campanha eleitoral nas maiores cidades do país.

E, em São Paulo, significou um passo fundamental para renovar o modelo de debate na TV brasileira, abrindo o caminho, como se viu, para o grande e inovador confronto presidencial entre Lula e Bolsonaro, na Band, o primeiro do segundo turno

46

Disputa pelo debate

As datas dos debates entre os candidatos à presidência na TV, já estavam anunciadas pela maioria das emissoras. Algumas delas garantiam que fariam o primeiro debate de 2022. As datas se espremiam numa agenda que dava pouco espaço entre um debate e outro. Em alguns casos, uma emissora escolhia uma data, como primeiro debate, e uma outra se apressava em anunciar a sua para um dia antes.

Assim, a disputa pelo primeiro debate se intensificava e se concentrava na primeira semana de agosto, quando a Band surpreendeu: mudou as datas antes escolhidas e anunciou seus debates, o presidencial e os estaduais, para bem mais tarde, em dois domingos, se distanciando das datas e da corrida das concorrentes.

A notícia correu logo pelo noticiário. "Concorrência quebra tradição da Band" ou simplesmente "Band desiste do primeiro debate" — esses eram os títulos mais comuns das matérias que logo apareceram.

De fato, pareceria uma espécie de batida em retirada aos olhos de quem observasse superficialmente a mudança de datas da Band: antes, se acotovelando com outras emissoras, no meio das datas emboladas entre final de julho e começo de agosto e, depois, simplesmente escolhendo e anunciando os dois últimos domingos do mês. E mais: começando com os debates estaduais e deixando o presidencial para mais tarde ainda.

Mas logo tudo foi ficando claro: os candidatos, principalmente os bem colocados nas pesquisas, começaram a se incomodar com tantos debates anunciados. Lula sugeria pool de emissoras, o que reduziria o número de debates e não desagradava Bolsonaro.

Em pouco tempo, as emissoras iam desistindo e cancelando os debates anunciados. E o resultado foi o que eu já esperava e até planejava: as datas anunciadas pela Band, antes vistas como tardias, acabaram se tornando as melhores opções para os candidatos.

E, mais uma vez, a tradição se manteve. Os primeiros debates aconteceriam nos estúdios da Band, como os títulos das matérias, antes apressadas, passaram a anunciar, agora com segurança.

47

Café com o presidente

A ideia de convidar jornalistas para o café da manhã com o presidente Bolsonaro não foi longe, mas tive oportunidade de participar de um dos primeiros.

Fiquei à direita dele na mesa (sem piadas fáceis, obrigado...) e de frente para o vice Hamilton Mourão. Comandava o café o general Rego Barros, boa figura que durou pouco por lá. Era uma oportunidade de chegar a alguns temas com o presidente, depois de uma campanha eleitoral praticamente sem conteúdo

Naquela manhã, acabei entrando num certo confronto com Bolsonaro sobre um tema fundamental: como ele organizaria a base parlamentar.

— Não é tarefa minha, é do Congresso.

— Mas o senhor, certamente, vai orientar esse trabalho...

— Não faço toma lá-dá-cá...

— Nem deve fazer, mas o senhor precisa mesmo é de maioria para aprovar a reforma da Previdência logo...

O diálogo não avançava. O presidente, até aquele momento, mantinha a conversa de campanha, denunciando "o modo antigo de fazer política" e não saía disso. Seu ministério tinha sido montado, mais em função de relações com as bancadas corporativas do que com os partidos. Equívoco óbvio.

Insisti mais um pouco e a resposta dele, ali ao meu lado na mesa, só pode ter sido uma brincadeira, mas não convém apostar, mesmo porque a frase veio com certa irritação.

— Então vai você lá no Congresso negociar com eles, você que entende de política.

Acabou soando, no final, como brincadeira, claro. Uma brincadeira um tanto inadequada. Mas o que me parecia sério mesmo é que ele não saía daquela posição prática contra negociações políticas necessárias e que poderiam ser feitas de maneira adequada.

Parecia claro também que reflexões sobre formas de alianças num quadro partidário fragmentado como o nosso não seriam de seu interesse. Conceito de governo de coalizão? Como seriam esses entendimentos? Como unir partidos para governar? Pelo menos, ali na mesa daquele café da manhã, não havia clima para envolver o presidente numa discussão consistente.

Eu me lembrava do tema colocado nos dois debates da Band, mas sem grandes resultados. Por mais que os jornalistas façam seu papel, levantando questões essenciais para o país, se elas não funcionam para atrair voto, não conte com o empenho dos candidatos.

No caso de Bolsonaro, ele havia descoberto aquele mote contra entendimentos políticos — deitando e rolando na má fama dos acordos no Congresso — e simplesmente apostava nisso eleitoralmente.

Fico imaginando a reação do candidato se perguntassem a ele sobre a possibilidade de um acordo com lideranças e partidos do centrão, incluindo tantas emendas e cargos, além do controle do orçamento.

De fato, a volta de 180 graus dada, depois, nas posições do presidente, defendidas naquele café da manhã no Planalto, entra como um dos capítulos mais inusitados na longa história das relações de trocas e benefícios entre Executivo e Legislativo. Era o presidente fazendo tudo o que o candidato dizia que não faria — inclusive, por um certo tempo, depois de eleito e já no poder.

Debate na Veia 177

48

Chegou a lei e me levou

A cobertura das eleições estava agitada na Band, naquele 3 de outubro de 1996, com os convidados no estúdio fazendo suas análises, entradas ao vivo das secções eleitorais, candidatos votando, as ruas animadas pelos eleitores e a contagem regressiva alimentando a emoção da espera da hora de começar a apuração. Havia entradas das praças, das principais capitais, dando uma visão nacional daquelas eleições municipais. Muito do que acontecia ali repercutiria na disputa presidencial de 1998.

Na minha sala, de onde eu acompanhava todo o trabalho, conferindo e orientando tudo, meio atordoado, às vezes, com o entra-e-sai inevitável num dia como aquele, mas animado com a qualidade da cobertura, recebi um telefonema que começou a estragar o ambiente.

— É o diretor de jornalismo da Bandeirantes? O presidente do Tribunal Regional Eleitoral vai falar com o senhor.

Eram os primeiros sinais de que o dia não ia acabar bem. O presidente do TRE me advertia de que não era permitida a cobertura que estávamos fazendo.

A legislação era recente e, na eleição anterior, eu tinha feito a mesma coisa sem problemas. O presidente, para ilustrar sua advertência, citou um exemplo do que era proibido.

— Esta senhora, a Marta Suplicy, não deixa ninguém falar e ataca todo mundo.

— Pode deixar, presidente, vou corrigir isso.

E foi aí que me deixei enganar totalmente. Na verdade, fui induzido a erro.

Entendi, pelo que disse o presidente do TRE, que a discussão no estúdio, naquele momento, estava desequilibrada e cuidei de corrigir. Tinha Marta Suplicy demais? Então, mandei convidar e pôr no estúdio políticos de posição contrária à dela.

Faltavam ainda duas horas ou mais para fechar as urnas, os confrontos no estúdio esquentavam, com todos os lados representados, quando recebi outro telefone do TRE, desta vez de um dos juízes.

— O senhor está contrariando a legislação ...

— Já falei com o presidente do Tribunal, está tudo certo, tomei as providências, doutor, pode ficar tranquilo.

Encerrei logo o telefonem e continuei contrariando a lei com os confrontos ao vivo no estúdio, com as urnas ainda abertas, exatamente como havia feito na eleição anterior e exatamente como a nova legislação já não permitia.

O telefonema seguinte já veio diferente, em tom de ameaça e era de um promotor.

— Se continuar com isso, vamos tirar a televisão do ar.

Reagi mal, de maneira descabida, dizendo que isso seria censura, inadmissível. E, acrescentando mais alguns adjetivos, encerrei o telefonema, num rompante inteiramente irracional, este sim, inadmissível.

Num misto de incredulidade, ignorância da lei e arrogância — ou alguma coisa mais — continuei com a cobertura, mas já olhando o relógio, esperando a hora de fechar as urnas. Aí seria permitida, por lei, a discussão no estúdio.

Não deu tempo. Entravam na minha sala duas ou três autoridades, com a ordem de tirar a Bandeirantes do ar.

Tentei resistir, argumentando inutilmente — e, no caso, ridiculamente — a favor da liberdade de expressão e outros valores. Perda de tempo.

Em pouco tempo, a televisão estava fora do ar. Sem pro-

Debate na Veia 179

gramação. Só um slide na tela. Não havia outra explicação: eu tinha feito uma perfeita besteira.

Tão perfeita que provoquei a minha prisão. Foi a sensação que tive quando recebi das autoridades, ali na minha sala, a intimação para comparecer, imediatamente, ao tribunal. Mas o alcance dessa perfeição no erro se completa com outra consequência: provoquei também a intimação do presidente da Band.

Em alguns minutos, o presidente João Saad e seu diretor responsável de jornalismo, eu mesmo, estávamos a caminho do Tribunal. Pelo menos, nos permitiram ir no nosso carro. No caminho, eu me sentia o mais irresponsável dos diretores.

Chegando ao tribunal, não foi preciso esperar muito para a sessão de julgamento. Numa paisagem que me lembrou o cenário do programa Roda Viva, da TV Cultura, o "Seu João" e eu, fomos convidados a sentar no centro de uma espécie de arena, rodeados de juízes por todos os lados, devidamente paramentados e prontos para deitar falação.

Mas, antes, ouviram o "Seu" João, que defendeu a boa-fé da decisão do jornalismo da Band de abrir seu estúdio para a troca de opiniões, sem deixar de citar a liberdade de expressão.

A mim nada perguntaram. Com muito respeito e delicadeza, falou o Presidente do tribunal, Nelson Fonseca, e, em seguida, cada juiz fez seu discurso. Eu nunca tinha ouvido tanta conversa mole e redundante, na minha vida, quando se tratava apenas de dizer que a nova legislação não permitia o debate político ou eleitoral, na TV e rádio, com a urnas ainda abertas e o povo votando.

Mas aquela enxurrada de palavras — que me fez lembrar o conceito de "texto tagarela" de Roland Barthes — não acabou mal. Liberaram a programação da Band, que voltou imediatamente a cobrir as eleições, já que as urnas tinham sido fechadas, àquela altura.

Mas perdemos tempo, o telespectador ficou sem informação das 17h35m até as 20h35 e a Band deve ter amargado prejuízo na área comercial.

Segundo a representação do procurador-geral eleitoral, Pedro Niess, a Bandeirantes estaria "transmitindo para todo o Brasil propaganda eleitoral contra ou a favor de candidatos à prefeitura de São Paulo."

A decisão inicial era de uma suspensão da programação por 24 horas. Na sessão do TRE, foi reduzida para 3 horas. Menos mal.

No dia seguinte, a notícia saiu nos jornais com uma declaração minha, que era a síntese do argumento que usamos no TRE, para derrubar a decisão:

— "A Bandeirantes tem a tradição de promover debates políticos sempre com a preocupação de manter o equilíbrio entre os candidatos, mas o TRE interpretou de maneira diferente".

Custou-me admitir que, no entusiasmo de esquentar a cobertura, eu, de fato, tinha desobedecido a nova lei, que era clara.

Sobre o prejuízo, que eu causei à empresa por ter ignorado a legislação, nunca me falaram. Nem o "Seu" João, sempre muito delicado, me cobrou qualquer coisa. Mas, numa voz baixa e educada, mas não sem ironia, me falou, quando voltávamos de carro para a Band:

— Agora, Mitre, procure trabalhar sempre dentro da lei.

Debate na Veia   181

49

O debate antes da facada

Lula estava preso em Curitiba, quando convidei os partidos para a primeira reunião, já iniciando o sempre complicado processo de preparação do debate entre candidatos à presidência.

O PT mandou o seu representante, o assessor José Crispiniano, que parecia acreditar na libertação de Lula ainda em tempo de participar do debate. Outra hipótese, essa bem mais fora da realidade, era de o PT conseguir que a Justiça liberasse Lula, uma vez candidato escolhido pelo partido, para participar do confronto. Tudo isso tratei com ele em conversas paralelas, antes ou depois da reunião.

Cheguei a imaginar a cena de um helicóptero descendo no heliporto da Band, de onde sairia o candidato Lula, tomando o caminho do estúdio, onde haveria o debate.

Mas, na reunião, me referi menos aos candidatos e mais aos partidos. Apresentei, como nos anos anteriores, todo o plano de cobertura eleitoral da Band naquelas eleições de 2018. E, ao final, o convite foi formalizado aos partidos para enviar seus candidatos ao debate.

Entre essa reunião e a próxima, entrei em campo para consolidar, na medida do possível, os compromissos dos partidos com os debates, já me aproximando dos candidatos.

Esses contatos são fundamentais na preparação de um debate. E, na medida em que se aproxima a eleição, a condução ideal é que as decisões mais importantes, a serem aprovadas na reunião, já estejam bem conversadas antes.

É o que eu sempre fiz ou procurei fazer, confirmando na prática da produção de debates, o que o mestre Tancredo Neves dizia e, certamente, fazia nas suas articulações políticas.

— Só faça reunião depois que tudo estiver acertado.

Não levava ao pé da letra essa lição — digamos, conselho — de Tancredo, mas não ficava muito longe dela quando preparava uma daquelas reuniões já próximas da data do debate.

Geralmente, eu me aproximava e tratava com algumas candidaturas mais significativas e, combinado com elas, ia com mais segurança para a reunião.

Mas, na campanha de 2018, havia duas dificuldades graves: um dos possíveis candidatos estava preso e o outro, que já parecia ter possibilidades de crescer, não dava sinais de que estaria disposto a enfrentar um debate.

Mais tarde, ainda naquela campanha, passei a ver Bolsonaro como um candidato que aceitaria debater. Por uma razão até simples: ele sempre fez a política do confronto e crescia nele. Além do mais, pagaria caro diante de seu público, se aparecesse como "fujão" do debate.

Comecei a sondar os assessores e políticos mais próximos de Bolsonaro. Logo tive certeza de que ele participaria. E convoquei outra reunião.

A situação de Lula parecia incontornável: ele permanecia o nome provável do PT para se candidatar, mas a ilusão de poder, mesmo preso, participar do debate não tinha nenhuma consistência.

Na reunião, consegui a confirmação da presença de Bolsonaro e toquei a produção do debate, já anunciando as sugestões de regras. Lula continuava o problema.

O PT me procurou para saber se Fernando Haddad, ainda vice de Lula, poderia participar no lugar do candidato. Claro que não pude aceitar. O convite era aos partidos, que deveriam enviar seus candidatos, já formalizados ou não. No caso do PT,

Debate na Veia 183

só poderíamos aceitar o Lula. O vice, que mais tarde seria o candidato, não poderia, naquele momento, se apresentar para o debate. Nem os outros candidatos aceitariam.

Fechamos as regras e fomos para o debate, o primeiro do ano eleitoral de 2018, sempre na Band, cumprindo a tradição.

Com Bolsonaro, mas sem Lula, que não seria o candidato, mas também sem Haddad, que ainda não estava escolhido, esse debate apresentou ao Brasil, pela primeira vez, as ideias, projetos e estilos daqueles candidatos em confronto. Cumpriu sua função de primeiro debate: trouxe a novidade, já que ninguém ainda tinha visto aqueles candidatos juntos.

E acabou influindo e, como todo primeiro debate na Band, dando o tom daquela campanha num certo momento. Mas limitado pela ausência do candidato do PT.

Um mês depois desse debate, houve a facada que sacudiu a campanha: Bolsonaro hospitalizado, a partir de então, ficou longe dos comícios, entrevistas e debates, agenda obrigatória de qualquer candidato. Mudou tudo. E nada de novos debates.

A Band ainda insistiu, tentando, sem nenhum sinal de sucesso, um confronto no segundo turno entre Bolsonaro e Haddad. Cada vez que os médicos anunciavam uma entrevista, a esperança renascia. Perda de tempo.

Ao relembrar tudo isso, incluo um telefonema que recebi do meu colega Ricardo Boechat, quando a notícia chegava à redação.

— Confirmada a facada?

— Sim, mas ele está fora de perigo.

— Então ganhou a eleição.

— E nós perdemos o debate.

50

O último encontro com Boechat

A notícia não estava confirmada, quando interrompeu a reunião de espelho do Jornal da Band, na minha sala, por volta das 13h do dia 11 de fevereiro de 2019. Mas, ainda assim, nos deixou paralisados, mudos, aterrorizados, esperando a informação seguinte, que não demorou.

A tragédia se consumava, o improvável acontecia, só restava enfrentar a notícia da morte absurda do nosso irmão, Ricardo Boechat, o âncora que fez história no Jornal da Band. E que se tornou uma das mais tristes de suas manchetes.

Golpeado, como todos os colegas ali, pela informação já confirmada, saí da redação para cumprir um dever dos mais amargos da minha vida profissional: levar a notícia à casa de Boechat, à sua "doce Veruska", sempre citada por ele na rádio, e talvez a suas filhas, que torci para que não estivessem casa. Não estavam. Era hora da escola.

Cheguei, acompanhado do então diretor executivo André Luís Costa, e vi claramente, quando encarei a Veruska para dar a notícia, que ela, de alguma maneira, já sabia. Depois me contou que tinha tentado, várias vezes, falar pelo celular com o Boechat e com o piloto do helicóptero sem conseguir. Era pista suficiente. Quando deixei a casa, ela já estava cercada de algumas amigas, abraçada com uma delas, Claudia Saad, mulher do presidente da Band, o Johnny.

A queda daquele helicóptero mobilizou todas as redações do país. Já com a tragédia confirmada, esperavam a Band tomar a iniciativa de divulgar a notícia. José Luís Datena aguardava emocionado o meu sinal — que dei depois de falar com

Debate na Veia 185

a Veruska. No ar, Datena não segurou o choro. Não dava para segurar.

Boechat morreu numa segunda-feira na queda do helicóptero que voltava com ele de Campinas, onde havia feito uma de suas famosas palestras. Na sexta-feira, depois do jornal da Band, ele esteve na minha sala, como era de seu hábito, mas sentou numa cadeira e ficou um longo tempo, o que raramente ele fazia, naquele horário.

Começamos a falar dos assuntos de sempre, como o ritmo do jornal ou uma matéria que podia ter sido melhor, e terminamos comentando o nosso próprio ritmo de trabalho. No final, quando ele me disse que andava um pouco cansado, eu emendei um palpite contra o esforço exagerado dele — e também "arriscado" — de ficar improvisando viagens para atender convites de última hora. Lembrei uma aventura dele na garupa de uma moto para fazer palestra.

— Absurdo isso, Boechat.

Ele pareceu concordar, quando se despediu e foi para casa. Cheguei a acreditar que ele tomaria mais cuidado. Entre a conversa na noite de sexta-feira e a notícia, na segunda, da morte no helicóptero, me lembrei de outra sexta-feira, 13 anos atrás, dia em que o convidei para ser âncora do Jornal da Band. Ele morava no Rio, onde tinha feito já uma bela carreira.

— Boechat, quero que você venha para São Paulo.

— Sim, vou amanhã. Neste sábado eu apresento o jornal, é meu plantão.

— Não apenas neste sábado. Você não vai mais morar no Rio.

— Mitre, minha vida está aqui. Minha filha vai nascer em alguns dias…

— E vai ser paulistana.

Ao tentar reproduzir agora aquele telefonema, eu me lembro de um ponto essencial: tinha certeza do sucesso do Boechat como âncora do Jornal da Band. Mas nunca imaginei que pudesse chegar ao ponto a que chegou.

Sua morte dominou o noticiário no Brasil durante vários dias. O Jornal Nacional dedicou 40 minutos ao ex-âncora concorrente. Outros telejornais acompanharam. O Jornal da Band, em vários dias de cobertura, fez a ele uma das mais belas homenagens de sua história com a participação de todos os colegas. O público sentiu e se manifestou. Buzinaço de táxis de São Paulo passando em frente da sede da Band. Filas de admiradores no velório. Minutos de silêncio nos jogos de futebol. E, depois, as inaugurações de placas e tantas outras homenagens a este jornalista que marcou a história da televisão e do jornalismo.

Eu perdi um colega querido e uma agenda de briga quase diária. Enquanto trabalhamos juntos, brigamos. A gritaria na redação era inevitável. Nossa discordância básica, além das discussões acaloradas sobre pautas e matérias, estava na intolerância dele com os políticos. E na minha tolerância — "excessiva", segundo ele — com os mesmos senhores.

Mas, se ficaram na memória da redação as inúmeras cenas de brigas, não faltaram também os momentos de fazer as pazes. Afinal, eram brigas de amigos. No fundo, os colegas, às vezes, se assustavam, mas também se divertiam. Eu, claro, me divertia. Ele também.

Boechat era um craque como âncora, colunista, repórter ou entrevistador. Eu comprovava isso todos os dias — mas, às vezes, ele parecia se superar como apresentador de debates. Brilhou em vários nos estúdios da Band.

Na tensão que envolve o clima de um confronto entre candidatos, no tempo se esgotando das falas, nos sempre discutidos direitos de resposta, na agressividade excessiva de alguns, nas advertências necessárias para garantir as regras, nas reações, às vezes, abusivas da plateia, na missão difícil de manter a ordem no estúdio — em tudo isso e por tudo isso, é muito difícil, para o apresentador, manter o bom humor e ainda fazer o público se divertir. Boechat fazia isso. E fazia com naturalidade.

Comentarista político ácido, não poupava ninguém. Qualquer político de qualquer partido ou em qualquer cargo podia ser alvo de sua aguda, rigorosa e, geralmente, agressiva crítica, sempre acompanhada de cobranças, que se renovavam. Boechat não esquecia. E seguia cobrando.

E podendo atacar todos, sem distinção de partido ou ideologias, ele era respeitado também por todos. E isso era claro e se comprovava a cada debate que anunciava Boechat como âncora. Seu desempenho e as repercussões que provocava eram um sucesso que se repetia.

— Perdeu, playboy.

Essa intervenção do âncora Boechat, se dirigindo ao candidato Ciro Gomes, no primeiro debate presidencial do primeiro turno de 2018, ficou na memória do telespectador. Foi a forma inusitada e bem humorada que Boechat usou para calar o relutante Ciro, que insistia em pedir direito de resposta já fora do tempo permitido. Toda a plateia e todos os candidatos riram. Inclusive Ciro Gomes que, antes, parecia indignado.

Nos quase 50 anos de debates da Band, Boechat deixa sua marca para a história da televisão e da política do país.

Um vidente, desses que costumam falar em alguns programas de televisão, entrou na minha sala, dias depois da morte de Boechat, apontou para uma cadeira e disse:

— Ele está sentado aí, vendo tudo.

Contei aos colegas e rimos muito daquela bobagem. Até hoje brincamos. Não sei por que, de vez em quando, sozinho na sala, me flagro olhando para aquela cadeira vermelha. Na parede atrás, fica um poema de Carlos Drummond que Boechat costumava olhar, lendo alguns versos. Dois deles dizem que

"Eu ficarei sozinho
Desfiando a recordação"

51

Traição na Praça da Liberdade

Depois de editado o AI-5, naquela atmosfera carregada que se seguiu, era visível que até golpistas civis de primeira hora ficassem temerosos ou, no mínimo, desconfiados de que não estavam tão seguros como antes. Mais ainda os que tinham mandato a zelar.

O clima político continuou pesado, depois do afastamento de Costa e Silva, que tinha sofrido um derrame, e da posse do general Médici, que endureceu mais o regime. Magalhães Pinto, ex-governador de Minas — e de volta à Câmara, depois de passar pelo Ministério de Relações Exteriores — achava melhor andar um tanto discreto, mais do que já era, falando menos naqueles dias e, portanto, fugindo da imprensa. Mas não conseguiu se esconder tanto.

Num momento de descuido, ou por puro azar mesmo, a felpuda raposa mineira se viu acuada por uma caçadora da imprensa carioca. Aproximou-se dele com um gravador ou microfone — não consegui apurar isso — e fez a pergunta, nada criativa, aliás, pautada para a matéria sobre o ambiente político, quando uma das primeiras medidas de Garrastazu Médici tinha sido incorporar o AI-5 à Constituição. Repressão e censura cada vez maiores, no auge dos chamados "anos de chumbo", com todos os seus ingredientes.

— Deputado, o que o senhor está achando?

— Eu, minha filha? Mas eu não estou nem procurando, quanto mais achando.

Debate na Veia 189

Não testemunhei a cena, mas ela me foi contada e confirmada por colegas sérios e nem sei se foi publicada assim, mas ilustra perfeitamente uma face, um tanto folclórica, da personalidade e do modo de agir do ex-governador, que logo depois, em 1970, seria eleito senador.

Uma vez, conversando com o então governador Tancredo Neves, quando já estava clara a articulação para a disputa presidencial no Colégio Eleitoral, eu joguei um pequeno veneno:

— Governador, o Magalhães Pinto anda dizendo que pode ser perda de tempo articular sua candidatura, porque o senhor não vai para a disputa com o Maluf, se não tiver a vitória garantida.

— Intriga. Esse Magalhães é um monstro.

Foi essa a resposta de Tancredo, que, logo, se apressou em negar a articulação para o Colégio Eleitoral, como ele fez enquanto deu.

Nunca faltaram troca de farpas e matreirice entre as duas raposas. E Tancredo, velho adversário de Magalhães, que o havia derrotado em 1960, na eleição para governador, parecia sempre com o pé atrás quando se tratava daquele banqueiro-político, que, certamente, não abria a guarda. Matreirice mineira 24 horas por dia.

— Ele guarda o ódio na geladeira.

Essa frase de Tancredo se referia a Itamar Franco e seus conhecidos momentos de raiva. Mas, no caso das relações entre Tancredo e Magalhães, ela poderia valer, talvez até para os dois. Vi um pouco disso no modo como Tancredo mudou o semblante, quando me respondeu sobre Magalhães.

Tudo isso comprova que nem todo político esperto consegue ou quer evitar a situação, sempre desaconselhada, de ter um adversário transformado em inimigo.

Conferi esse conselho numa velha entrevista de Ulysses Guimarães, essa festejada raposa paulista. Ele explicava:

— Em política, se não puder fazer um amigo, não faça um inimigo, este guarda o ódio na geladeira e, no momento oportuno, faz uso dele.

Não tenho dúvidas de que Tancredo enquadrava Magalhães nesse padrão.

Juntando histórias, atitudes, declarações de Magalhães e outras sobre ele, dá para desenhar o esboço de um político que os mineiros mais desconfiados poderiam resumir numa expressão comum na região e frequente na boca de seus tantos adversários. Ouvia de alguns deles:

— Não é flor que se cheire.

Na noite do golpe de 64 — ou na seguinte — a televisão transmitia uma entusiasmada festa cívica, na Praça da Liberdade, diante do palácio do governo.

Famílias, que haviam agitado o terço nas passeatas contra o governo de Jango, se misturavam ali com lideranças udenistas e seus seguidores, além de golpistas em geral. Encheram a praça, o que ilustrava e confirmava a presença significativa da população na derrubada do governo Jango.

Naquele mesmo palácio, o mesmo governador agora saudado ali como "General Civil da Revolução", que seria um dos signatários do AI-5, havia recebido, com um sorriso de aliado no rosto, lideranças sindicais fechadas com Jango e seu programa de governo.

Eu me lembro de estar cobrindo um desses encontros, quando ouvi o governador, numa atitude conciliatória com o governo federal, defender as reformas de base, as instituições e a garantia das liberdades democráticas. Não muito tempo depois, aquelas lideranças mineiras recebidas por ele estavam presas ou escondidas.

Ele mantinha então boas relações com setores da área sindical, com aquele apoio declarado, nem sempre convincente,

Debate na Veia 191

é verdade, até à reforma agrária de Jango, a principal razão do golpe. E, ao mesmo tempo, conspirava.

Quando Leonel Brizola esteve em Minas, impedido de fazer a famosa concentração no auditório da secretaria da Saúde, já estava tudo dominado pelo golpismo no território de Magalhães Pinto. Conspiração eficiente com as forças militares, a ID-4, que virou grande protagonista no início do golpe, e líderes das classes produtoras, como a FAREM, entidade ruralista, que chegou a comprar armas.

A presença de Brizola, no estúdio da Band, em 1988, no confronto com Franco Montoro, que eu considero uma espécie de pré-debate presidencial, me lembrava aqueles episódios em Minas. E vi depois que ele guardava aquela lembrança da concentração frustrada, em Belo Horizonte, como uma lição. Confiou demais na situação política, que, ali, em Minas, já estava deteriorada, como comprovou pessoalmente. Podia comprovar, de fato, no Brasil inteiro.

Os cuidados de Brizola, naquele debate na Band, que me pareceram excessivos — sempre preocupado com as reações dos militares — contrastavam com as ações destemidas em Minas e em todos os lugares aonde ele ia, 24 anos antes.

No mesmo estúdio da Band, já nos primeiros debates do ano eleitoral, o ex-governador gaúcho voltava à velha forma: era o mais agressivo contra os adversários, o mais desafiador aos construtores da ditadura e a seus filhotes, como gostava de dizer.

Era esse o seu ponto forte, o que mais o destacava no confronto com os adversários. O ponto fraco? A insistência num nacionalismo antigo e já irreal.

Num momento surpreendente, para não dizer inusitado, num dos confrontos, na Band, em 1989, Brizola se dirigiu pessoalmente ao presidente da Globo, Roberto Marinho, num apelo com jeito de desafio para que ele promovesse um debate na sua televisão.

— Dr. Roberto Mariiinho...

Ele fazia uma pausa olhando para a câmera, depois de prolongar teatralmente o som daquela vogal. E atacava:

— O senhor tem o dever para com o país de promover um debate, de nos convidaaar...

Não houve o debate na Globo, que, na minha opinião, não se omitiu por nenhuma razão específica. Apenas aconteceu ali, durante aquele primeiro turno das eleições, o que costuma acontecer em qualquer televisão: bobearam.

Foram acordar no segundo turno, na produção dos dois debates em pool, que ajudaram a definir — ou definiram mesmo — aquela eleição.

52

Não há presidente como este

Dois policiais sorridentes examinam nossas credenciais, saem da pequena guarita à beira da estrada, abrem a cancela daquele sítio, a 10 quilômetros de Montevidéu, e nos convidam a descer a estreita trilha de chão batido que leva à residência do presidente do Uruguai.

Depois de caminhar alguns metros, vimos à esquerda uma mulher, pouco distante da trilha, colocando roupa num varal.

Mais abaixo, à direita, surge uma pequena casa com paredes descascadas e teto de zinco verde.

Em alguns instantes, sai da casa um homem de bermuda, sandálias bastante gastas, camisa desbotada, acompanhado de um cachorro que não tinha uma perna. Era o presidente da República, o ex guerrilheiro José Mujica. Muito amável ao nos cumprimentar.

Logo depois, aproxima-se de nós aquela mulher que punha roupa no varal. Era a senadora Lúcia Topolansky, a primeira dama do Uruguai. Cumprimentou e entrou na casa.

Hora de começar mais uma entrevista para o Canal Livre, naquela tarde agradável de abril de 2014.

Logo, com as câmeras posicionadas, Ricardo Boechat, Fábio Pannunzio e eu já dividíamos um banco de madeira perto de uma árvore, num incrível estúdio improvisado, com céu azul e passarinhos cantando. À nossa frente, o presidente ocupava uma cadeira, ao lado do cachorro deitado no chão, tendo ao fundo aquela residência presidencial com teto de zinco.

E começou a entrevista que mais me impressionou em toda a minha vida profissional de 60 anos, entrevistando personalidades de todas as áreas.

Esta se destacava, não só pela paisagem inusitada — um chefe de Estado vivendo numa condição única no mundo — mas também pela própria história pessoal e as convicções de José Mujica.

— "Não estou valorizando a pobreza, valorizo a sobriedade no modo de viver", ele explicava.

— Tenho consciência de que sou um presidente um tanto exótico no mundo que me toca viver...

Depois dos previsíveis elogios ao amigo Lula — "muitos no Brasil não se dão conta da importância dele no mundo" —, o presidente uruguaio pregou a integração da região, muito próximo do que foi proposto, agora em 2023, na Argentina, durante a reunião da CELAC.

— Acredito na possibilidade de uma integração verdadeira e o Brasil é muito importante nisso...

A entrevista explorou, desde os momentos mais duros de seus 14 anos na prisão, passando por decisões de seu governo como a liberação da maconha, por dificuldades na economia, até suas medidas e ideias sociais, inclusive as que não funcionaram.

Mas o conjunto formado por aquela vida e aquela obra, mais as lições tiradas de tudo isso, davam a dimensão da entrevista.

— Eu governo para todos, não tenho o direito de guardar mágoa.... Mas sei que sou uma pessoa excepcional, a sociedade em que vivo é mais dura que eu...

Sua visão de república leva direto aos direitos humanos.

— Creio que as repúblicas vieram para trazer a igualdade, os direitos humanos ... é a noção básica republicana ... Mas as pressões contrárias de parte da sociedade são grandes. O equi-

Debate na Veia 195

líbrio é muito difícil, temos que buscá-lo sempre, é a política.

Se essa foi a entrevista que mais me impressionou, há também a que mais me chocou.

E essa outra foi a de Cabo Anselmo, o célebre líder da revolta dos marinheiros, uma das causas que precipitaram as condições para o golpe de 1964, e um eficiente delator, mais tarde, infiltrado na luta armada, dando informações valiosas para a repressão durante a ditadura. Ajudou a prender ou matar cerca de 200 pessoas. E essa conta é do próprio delator.

Algumas perguntas que fiz durante a entrevista provocaram a ira de Olavo de Carvalho, depois ideólogo do bolsonarismo, no prefácio que escreveu, mais tarde, para o livro de memórias de Cabo Anselmo.

Numa dessas perguntas, eu me referia à sua mulher, Soledad, vítima dele mesmo, de sua delação, num episódio de 1973.

— Numa manhã, o senhor e sua companheira acordaram, na mesma cama, ela saiu para encontrar um grupo da luta armada e o senhor foi se encontrar com um grupo da repressão. Algum tempo depois, os militantes foram atacados e executados, entre eles a sua namorada. Ela chegou a ver o senhor ao lado dos agentes que atacavam. Como o senhor lidou com isso, sabendo que ela ia morrer?

Depois de dizer que não sabia que Soledad ia morrer, que havia um trato não cumprido pelo delegado Fleury de poupá-la e deixar que ela fosse para Cuba, o Cabo Anselmo veio com esta:

— Ela foi filha de comunistas, viveu na Rússia, fez cursos especiais na Universidade Patrice Lumumba, depois morou em Cuba... quando veio com um grupo para o Brasil foi por escolha própria, por consciência revolucionária, foi por querer participar disso, não fui eu quem trouxe... não levei ninguém para a morte.

A resposta gelada do Cabo Anselmo chocaria qualquer um. Nenhum peso na consciência. Tentei insistir nisso, mas o máximo que ele concedeu foi dizer que vivia sob pressão do delegado Sérgio Fleury, personagem central das forças de repressão à luta armada.

— O delegado Fleury era um homem terrível.

Olavo de Carvalho, no prefácio ao livro de Cabo Anselmo, não me perdoou pelo que considerou a minha incompreensão do comportamento do delator.

Não sei o que mais me chocou, se foi a atitude pura e simples do delator sem nenhum problema de consciência ou a capacidade de Olavo de Carvalho de inverter valores.

Olavo tinha trabalhado comigo, quando eu dirigia o Jornal da Tarde. Um tanto tímido, apagado no seu trabalho na redação, mas muito inteligente e curioso intelectualmente. Eu me lembro de que foi ele quem me indicou a leitura do *Finnegans Wake*, de James Joyce, uma escolha, no mínimo, pretensiosa.

Naquele tempo, ele se dizia astrólogo, depois virou filósofo e, assim, tornou-se uma espécie de guru da extrema-direita, inspirando grupos bolsonaristas.

Muito admirado e festejado por esses grupos, chegou a ser citado pelo presidente Bolsonaro como um dos principais responsáveis por sua vitória em 2018.

Em 2022, mesmo depois de morto, seus ensinamentos e orientações tiveram peso significativo na campanha de Bolsonaro.

No episódio dos atos criminosos de 8 de janeiro, em Brasília, logo depois da posse do presidente Lula, as orientações de Olavo de Carvalho foram bastante citadas. De fato, ele pregava ações como aquelas, com o objetivo claro de tomada do poder.

De outro lado, na contramão de tudo isso, um nome que pesou e pesa na vida política de Lula é o do ex-presidente uruguaio. Na campanha eleitoral, os dois se encontraram, como já havia acontecido quando o presidente brasileiro esteve preso em Curitiba.

Nos discursos e ações dos candidatos Lula e Bolsonaro — inclusive observando-se o comportamento e os valores expres-

Debate na Veia 197

sos de cada um deles nos dois debates na Band — eram muito claras a relação e a identificação de um com José Mujica e do outro com Olavo de Carvalho.

Um trabalhista histórico e um social-democrata no festival de ideias políticas.

O projeto editorial do bicentenário da independência - conjugado com o ano eleitoral - nasceu aqui nestas primeiras pesquisas.

Lula chega à Band para o primeiro debate no segundo turno, cercados de tensões.

Leonel Brizola, Mário Covas, Ronaldo Caiado, Afif Domingos. Conflito não faltou aqui.

Mitre e o chefe de redação André Basbaum conferindo detalhes de regras com representantes de candidatos.

Debate na Veia 201

Debate tecnicamente impecável, com excelente participação dos candidatos Fernando Haddad e Tarcísio de Freitas.

Nos debates, cada candidato começa a falar por ordem de sorteio. Depois, pode complicar...

Hugo Borghi, com sua rede de rádios: exemplo histórico de *fake news* na política.

Nos debates de 2022, administrar o próprio tempo exigia atenção especial dos candidatos. Lula se perdeu.

Essencial a participação de jornalistas.
Na foto, Rodolfo Schnneider pergunta.

Lula e Bolsonaro se movimentaram livremente no debate do segundo turno. Bolsonaro até tocou no adversário, que não gostou.

Vera Magalhães pergunta, Bolsonaro reage mal.

Bolsonaro chega à Band para o debate cheio de tensões.

A sala digital, que modernizou e ampliou a comunicação dos debates.
(No centro, Mitre conversa com Johnny Saad)

53

Viagem ao enigma chinês

O meu olhar ocidental, passeando pela paisagem dos ideogramas, sempre identificou um certo enigma no sorriso chinês. Mas não naquele momento, numa sala da Assembleia Nacional em Pequim, quando comentei com o ministro, que recebia uma delegação de jornalistas estrangeiros, a notícia de que a China tinha tomado o lugar dos Estados Unidos de principal parceiro comercial do Brasil.

O sorriso aberto, claro e espontâneo do ministro Ma Jisheng, diretor-geral do Ministério de Negócios Exteriores, naquele dia de março de 2012, era uma comemoração de um esforço de anos entre dois países que haviam encontrado fortes pontos de interesse comum e trabalhado com sucesso com eles.

Ao relembrar aquele momento em Pequim, uma outra viagem no tempo me levava ao Sindicato dos Metalúrgicos, em Belo Horizonte, para entrevistar um grupo de líderes sindicais chineses, enviados pelo governo Mao Tsé-tung em visita ao Brasil. Estávamos em 1963 e João Goulart ainda se segurava no poder.

O espaçoso foca, que era eu, carente de autocrítica, com quase nenhuma timidez e pouca habilidade, avançava pela vida sindical chinesa a dentro, até que a entrevista chegou a um ponto crítico:

— Como os senhores avaliam as liberdades sindicais na China nacionalista de Chiang Kai-Shek?

Debate na Veia 207

Vi que os quatro chineses — acho que eram quatro - se entreolharam. Ouvi alguns sons, para mim, ininteligíveis, quando um deles se levantou e respondeu algo traduzido mais ou menos assim:

— Não sabemos e não falamos sobre essas coisas ...

Um velho jornalista mineiro, José Costa, admirador do regime maoísta, que acompanhava a comitiva, me explicou depois.

— Eles não reconhecem o governo de Formosa. Para eles, aquilo é uma ilha ocupada pelos Estados Unidos...

— Mas eu só perguntei ...

— Do jeito que você perguntou, eles não iam responder mesmo...

E acrescentou, como um puxão de orelhas:

—... meu filho.

Sei que depois daquela pergunta, a entrevista logo terminou e os chineses saíram sem se despedir de mim.

Hoje, observando o ponto de tensão a que chegou agora a questão de Taiwan, lamento não ter tido informação e habilidade suficientes para conseguir alguma coisa da visão daqueles sindicalistas sobre a velha questão. Talvez fosse possível.

Tudo isso voltava de relance à minha memória em vários momentos daquela viagem a China, em 2012. Mas a evolução das relações Brasil-China dominava o encontro na Assembleia em Pequim.

Num momento como aquele, naquela conversa com o ministro, em que se configurava, no resultado comercial entre os dois países, o êxito das políticas de seus governos, era impossível imaginar que, alguns anos depois, apareceria um certo Ernesto Araújo, na cadeira de chanceler brasileiro, disparando absurdos contra essa competente construção diplomática.

Os desatinos do infeliz chanceler de Bolsonaro pareciam não ter limites. Uma prova disso é que chegou a prejudicar as nossas relações com Pequim, quando éramos dependentes de material chinês para produção urgente de vacina contra a Covid-19. E por aí ia — ou, pelo menos, foi por um tempo ainda, entre bobagens ideológicas e cegueira diplomática, até que ficou óbvio demais que não seria possível continuar com aquela figura no cargo.

Mas essa absurda fase da história do Itamaraty não escapou — nem poderia escapar — aos adversários de Bolsonaro na campanha eleitoral. Assim como não ficou — nem poderia ficar — fora das cobranças ao presidente nos debates entre os candidatos.

As bobagens da política externa daquele governo, na sua fase aguda, não só nas relações com a China, mas também com a Argentina e os Estados unidos, entre outras, estiveram presentes nos debates da Band. Uma espécie de contraponto de Bolsonaro seriam as preferências de Lula a regimes autoritários, como Cuba, Nicarágua e Venezuela. Era a tentativa de aplicar a velha tática do chumbo trocado.

Mas depois dos debates, da eleição e da posse do eleito — principalmente depois de passada a fase Ernesto Araújo — o novo governo pôde voltar a dar continuidade racional às relações com a China, numa linha objetiva, comercial e diplomática, visando o interesse do país. O que, aliás, é elementar como política externa.

Debate na Veia 209

54

Sem eles, eu não vou.

Debate sem jornalistas? Não concordo e vale insistir no assunto. Há emissoras que preferem assim — como a Globo nos seus debates produzidos com a conhecida qualidade televisiva de sempre. Na Band, já fizemos alguns poucos debates com a participação apenas de candidatos. Fica incompleto.

Hoje, não tenho dúvidas de que a participação do jornalista é essencial. Não no papel de protagonista, como alguns, às vezes, parecem querer. Mas cumprindo ali sua missão essencial, baseada nos compromissos básicos, como sintetiza o mestre Mino Carta: com a realidade factual, com a avaliação crítica do fato e com a cobrança ao poder e aos poderosos.

E há um outro ponto importante, que justifica — na minha opinião, até exige — a presença de uma bancada de jornalistas num debate entre candidatos[9].

[9] Jornalistas que participaram dos Debates Presidenciais promovidos pela Band entre 1989 e 2022 (incluindo 4 produzidos em pool), como apresentadores ou perguntadores: Adriana Araujo, Alexandre Garcia, Antonio Teles, Augusto Nunes, Boris Casoy, Carlos Chagas, Carlos Nascimento, Chico Pinheiro, Eduardo Oinegue, Eliakim Araújo, Fabíola Cidral, Fábio Pannunzio, Fernando Mitre, Fernando Vieira de Mello, Franklin Martins, Hélio Campos Mello, Joelmir Beting, José Augusto Ribeiro, José Paulo de Andrade, Josias de Souza, Lana Canepa, Leão Serva, Luis Nassif, Luiz Fernando Emediato, Luiz Gutemberg, Márcia Peltier, Marília Gabriela, Mônica Bergamo, Patrícia Campos Melo, Rafael Colombo, Ricardo Boechat, Rodolfo Schneider, Sérgio Amaral, Tayguara Ribeiro, Thaís Oyama, Thays Freitas, Vera Magalhães, Villas-Boas Corrêa. (N. do A.)

Há temas que são fundamentais para o país, mas que não interessam para as campanhas. Os candidatos, pragmáticos, na sua maioria, fogem deles.

Questões, como o déficit público e a necessidade de corte de gastos, costumam entrar nesta lista de temas impopulares, ao lado de reformas como a administrativa, que mexe com interesses de funcionários. No lugar desses assuntos, aparecem com grande destaque, predominando nos discursos eleitorais, as promessas fáceis e demagógicas.

Nos debates, não é muito diferente, embora os adversários em confronto, teoricamente, devessem se encarregar de derrubar argumentos e promessas uns dos outros.

Não temos aí toda a solução do problema, por uma razão simples e óbvia: há assuntos que nenhum candidato se interessa em levantar, por mais que o interesse público exija.

Já participei de debates, em que temas essenciais, como a reforma política e a racionalização de gastos da máquina pública, ficaram ausentes até o momento em que começou o bloco dos jornalistas. Sem esse bloco, o eleitor ficaria sem saber a posição dos candidatos sobre esses assuntos. E, claro, não só sobre esses.

Outro aspecto essencial é que o jornalista pode avaliar o resultado de um confronto específico entre dois candidatos — com a pergunta, resposta, réplica e tréplica entre eles — e enriquecer ou ampliar o alcance do assunto tratado, dando maior significado a esse ponto do debate.

Mas, na maioria das vezes, a pergunta em si e o modo de fazê-la dão o tom da participação do jornalista num debate. Às vezes, penso que o jornalista, em muitos casos, representa mais o eleitor num debate do que os próprios candidatos.

(Se o eleitor aqui julgar que estou exagerando no corporativismo, fique à vontade.)

Debate na Veia 211

Perguntas de Joelmir Betting a Collor e Lula sobre a inflação, que explodia no país, ou as de Carlos Chagas sobre as armadilhas do Congresso, que esperavam pelo novo presidente, ampliaram o alcance dos debates no segundo turno, em 1989. E Collor, pouco tempo depois de assumir o poder, tinha todos os motivos para se lembrar delas.

A pergunta de Betting, com excelente pontaria, se referia à segurança do "dinheiro do povo" nos bancos. Em pouco tempo, no poder, Collor confiscava as poupanças.

Eu mesmo, participando daqueles debates, fiz uma pergunta a Collor, reproduzida e considerada "dura", entre outras, no Livro "Jornal Nacional — A notícia faz história", que tinha também um aspecto claramente premonitório.

Revi a pergunta agora, avaliando as reações a seu governo e, como desfecho, o impeachment. Depois de citar a declaração de um brasileiro pobre à revista Veja, dizendo que votaria em Collor porque "ele vai mudar a nossa vida na primeira semana", eu fiz a pergunta que, mais tarde, tinha que ser bastante citada e lembrada.

— Candidato, sabemos todos que, em uma semana, um presidente não vai mudar a vida de nenhum brasileiro pobre. O senhor não teme, se eleito, que, numa fase de descrença muito grande, haja uma frustração profunda e até perigosa ... no país?

Indo, mais uma vez, dos debates de 1989 para os mais recentes, em 2022, fica clara a importância da participação dos jornalistas.

A pergunta feita no primeiro debate do primeiro turno, na Band, ao então ex-presidente Lula e ao ainda presidente Bolsonaro e, depois, repetida para os dois, no segundo turno, na mesma Band, pelo seu diretor Rodolfo Schneider, não foi respondida por nenhum dos dois.

De onde tirar o dinheiro para garantir os 600 reais do Bolsa Família, prometido pelos dois candidatos? Esse era o sentido daquela pergunta essencial aos candidatos na campanha. Coube a um jornalista insistir no tema nos dois debates.

A resposta, na verdade, só começou a ser dada, depois da eleição, quando o presidente Lula investiu na PEC de transição, para garantir o pagamento dos benefícios fora do teto de gastos,

Conjugar os blocos intercalados — de confronto direto entre candidatos e de perguntas de jornalistas — é a melhor solução para oferecer ao eleitor um debate eficiente.

É o modelo com mais possibilidades de apresentar e revelar o máximo possível dos candidatos, inclusive dos que não responderem alguma pergunta.

Assistindo a um debate com esse modelo, o telespectador pode ter informações suficientes para comparar ideias, programas e estilos dos candidatos e fazer sua escolha. Fundamental observar e avaliar as reações de um candidato diante do adversário, principalmente quando sobe a temperatura. É quando a maioria dos candidatos se mostra mais. Muitos perdem a eleição num momento desses.

Não é raro que questões importantes, como aconteceu com aquela sobre recursos para o novo Bolsa Família, fiquem sem respostas. Às vezes, são claramente evitadas pelos candidatos, escorregando em evasivas, quando perguntados.

Os exemplos clássicos aqui se acumulam, de campanha em campanha, nos variados truques, alguns até engraçados, de candidatos fugindo de respostas objetivas a perguntas incômodas, como as que tentam esclarecer posições sobre o saneamento das contas públicas. Seriam respostas fundamentais, já que, geralmente, são questões importantes essas que espantaram e espantam candidatos há tantas campanhas eleitorais. Sobre a reforma administrativa, por exemplo. Tema essencial para o

Debate na Veia 213

país, como já citei, mas não dá voto. E o que é pior: pode tirar.

Na campanha de 2018, sacudida pela facada que tirou Bolsonaro do debate e das entrevistas, ficou praticamente sem discussão a sua bandeira contra o que chamava de "barganha" no Congresso, anunciando uma "nova política", que ele nunca explicou claramente. Acho que, na verdade, ele não saberia explicar, como se viu depois que assumiu o governo.

A questão era como organizar sua base de apoio no Congresso, sem negociar com os partidos, como se fazia até então. Quando ele denunciava os abusos e os excessos absurdos do "troca-troca" entre governo e parlamentares — que a sociedade abominava — fazia sucesso na sua campanha.

Um de seus apoiadores mais sinceros, o general Augusto Heleno, depois ministro da área de segurança, chegou a cantar ao microfone num evento público:

— "Se gritar pega o centrão, não sobra um meu irmão."

Mas Bolsonaro, mesmo antes da facada, nunca explicava como seria seu modo de garantir apoio no Congresso com a eficiência necessária.

Tomou posse e tentou ser coerente com a crítica que fazia às negociações políticas, praticamente acusando ou criminalizando todas, e partiu para um caminho inteiramente inadequado: começou a formar seu ministério, ouvindo as bancadas corporativas, deixando os partidos de lado.

Não é assim que funciona e logo isso ficou claro. Essas bancadas têm sua disciplina e sua coesão, mas em torno de interesses específicos. No caso da chamada bancada ruralista, por exemplo, a mobilização e coerência são automáticas quando se trata de votar matéria diretamente ligada ao setor. Todos se unem.

Mas não acontece o mesmo quando a matéria não diz respeito diretamente a esse setor. Uma reforma administrativa, no caso, poderia dividir a bancada.

214 *Fernando Mitre*

Enfim, organizar o ministério, tendo em vista montar ou fortalecer a base na Câmara e no Senado, exige do governo negociação com os partidos ou com as lideranças partidárias nas duas casas.

Surpreende que algo tão elementar na vida do parlamento e na sua relação com o governo seja ignorado, candidamente, por um presidente que viveu 27 anos na Câmara.

Afinal, quando isso ficou óbvio para ele, veio a mudança de 360 graus. E o governo mergulhou nas águas do chamado centrão, antes atacado com ferocidade por Bolsonaro e seu grupo mais próximo.

Esse pragmatismo, que invadiu o Planalto e carregou o presidente para o colo dos partidos, que formam o centrão, não havia frequentado nem de leve o discurso ou a campanha do candidato.

Tudo isso faz parte do enorme déficit de conteúdo que ficou da eleição de 2018. Não foi tão diferente, na eleição seguinte, nessa campanha polarizada de 2022.

Essa questão — na verdade, esse desafio de todo governo brasileiro, que nasce da nossa fragmentação partidária — me lembra uma entrevista com Fernando Henrique, na sua primeira campanha, quando ele já montava a chapa com Marco Maciel como vice, sob críticas severas de apoiadores mais ideológicos.

— Ministro, com o sucesso da URV e do Real, o senhor precisa do PFL para ganhar a eleição?

— Para ganhar não, mas para governar sim.

Eu me lembro também da resposta dele, quando me referi às críticas de apoiadores.

— Os mais lúcidos já entenderam.

Entre esses, citou o deputado Roberto Freire, o candidato comunista de 1989, com quem havia conversado naqueles dias.

Debate na Veia 215

E, de fato, um analista lúcido da política, como confirmei — e aproveitei - em várias entrevistas.

Mas as alianças partidárias, necessárias para garantir a governabilidade, no nosso sistema partidário multifacetado, têm sido um ponto crítico da política no Brasil. De um lado, abusos e excessos históricos na distribuição de benesses no Congresso. E, de outro, o rigor excessivo ou a incompreensão pública mesmo da atividade política.

Quem interage com o público — o que está na rotina de um jornalista na televisão — confirma isso todos os dias.

Aqui encontro outro ponto, que fortalece meu argumento a favor da importância da presença de jornalistas nos debates eleitorais. A articulação, as negociações, os acordos necessários para governar, a prática da clássica visão de política como a arte de conquistar e dividir o poder, enfim, aí está um prato cheio para um bom jornalista atuar num debate. Colocando tudo isso, que é da natureza da política, com a fundamental abordagem ética.

Na pergunta, já pode estar o sentido de cobrança, que, depois da eleição e da posse dos eleitos, será rotina na obrigação do jornalista.

55

Fugiu, presidente? Cadeira vazia.

Na campanha eleitoral de 1998, havia um candidato que desafiava o presidente da República, diariamente, para o debate.

O desafiador era Luiz Inácio Lula da Silva e o presidente fujão: Fernando Henrique Cardoso.

Na campanha de 2006, havia também um candidato que desafiava diariamente o presidente da República. O desafiador era Geraldo Alckmin. E o fujão? O presidente Luiz Inácio Lula da Silva.

Os desafios inúteis ocorreram no primeiro turno. Em 1998, com a insistente negativa de Fernando Henrique e com as pesquisas prevendo vitória fácil do presidente, naquele primeiro turno, as condições para a realização do debate se esvaziaram. E não houve o confronto. Houve a vitória fácil de Fernando Henrique, como já se esperava.

Em 2006, a expectativa de Lula comparecer ao debate no primeiro turno se manteve até a última hora. O suspense no estúdio era grande até o momento em que eu cheguei, depois de um último telefonema, com a notícia confirmada de que o presidente não compareceria.

Tudo estava pronto para o início do debate. A dúvida ali no estúdio crescia entre alguns assessores mais tensos de Alckmin. A Band vai retirar o púlpito reservado para o presidente? Ou vai colocar o nome dele ali e exibir sua ausência? Vinham me perguntar.

Debate na Veia 217

Confesso que, naqueles minutos de tensão, até me diverti um pouco com as dúvidas dos assessores. A cadeira vazia para os fujões não é, propriamente, regra do debate, mas uma prerrogativa de quem produz o programa e convida os participantes.

E a Band nunca deixou dúvida sobre isso, nas reuniões com os partidos. Candidato convidado não comparece? Cadeira vazia nele.

Mas mesmo assim, aqueles assessores de Alckmin queriam ver para crer. E, quando coloquei a placa com o nome do Presidente no púlpito que ficaria vazio, quiseram até me cumprimentar. Não aceitei cumprimentos, claro. Mesmo porque confesso que ver fugir do confronto um tradicional — e sempre destemido — debatedor como o Lula me deixou um tanto constrangido.

Antes do telefonema final, houve algumas tentativas do Planalto de evitar o púlpito vazio do presidente. Uma delas foi num contato direto com o Johnny Saad, presidente da Band. Insistiram inutilmente.

No segundo turno, não houve dificuldades. A primeira reunião que convoquei já teve a participação dos principais assessores das duas campanhas e fechamos as regras sem grandes dificuldades.

Apenas uma ideia, que seria adotada mais tarde, não foi aceita ou compreendida pelos dois lados. Não avançou a minha proposta de deixar os candidatos livres, podendo se movimentar no palco, usando microfone de lapela.

A ideia só foi adotada, com outros recursos como a autonomia dos candidatos para administrar o próprio tempo, em 2022, com o grande sucesso amplamente comentado.

No debate municipal de 2020, em São Paulo, já havíamos avançado no modelo, mas os candidatos preferiram não usar s liberdade de se movimentarem.

Avaliando hoje as condições daquele debate, acho que o estado precário de saúde de um dos candidatos, Bruno Covas, com um câncer avançado, pode ter inibido seus movimentos. E o outro, Guilherme Boulos, sem a iniciativa do adversário, preferiu não sair de seu púlpito, onde parecia muito à vontade.

Mas, mesmo parados nos seus lugares, os dois fizeram um excelente debate — o que pode ser a razão principal de nenhum ter se arriscado a andar pelo palco.

Ficou ali a semente da ideia que prosperou om grande êxito em 2022 e que não havia sido compreendida pelas campanhas de Lula e Alckmin em 2006.

Naquele ano, uma das marcas do debate no primeiro turno foi a cadeira vazia, isto é, o púlpito que o presidente da República não quis ocupar.

56

Piada fecha campanha do PT

— Tome cuidado comigo. Você não sabe do que eu sou capaz.

Nunca imaginei ouvir uma frase como essa do ex-governador, ex-prefeito, ex-ministro, ex-deputado, então candidato a presidente e futuro Senador da República: José Serra. E ainda acrescento: um dos mais completos políticos do Brasil.

Atribuí o desatino verbal ao momento pesado que o candidato estava vivendo, com a eleição perdida, àquela altura, já próximo o dia da votação. Lula liderava com folga as pesquisas, como aconteceu em quase todo o segundo turno.

E não queria saber de debate, como já contei em outro capítulo. Eu fazia tudo o que podia para garantir, pelo menos, uma entrevista de cada um, para encerrar a cobertura das eleições e tratei de pacificar aquela conversa com o candidato tucano, que tinha começado com o recurso belicoso do "você não sabe do que sou capaz".

— Sei perfeitamente do que você é capaz, Serra. Capacidade aí nunca faltou, desde seu tempo de presidente da UNE.

Depois de algum tempo no telefone, Serra se acalmou e passou a ligação para seu marqueteiro Nelson Biondi, que acertou os detalhes comigo. E assim parecia salvo o plano de exibir as duas entrevistas. Já que havíamos perdido o debate, a ideia acabaria funcionando como uma solução razoável.

Mas por que Serra esteve tão alterado? A principal razão era o resultado das pesquisas. Outra era a perda do debate, sua última oportunidade de tentar ganhar votos em confronto com Lula. As outras razões tinham mais o jeito de mal-entendidos — mas que o clima pesado e a derrota próxima ajudavam a dramatizar.

Estava combinado que as entrevistas seriam gravadas e, depois, exibidas no mesmo dia por ordem de sorteio. Serra já havia dado a entrevista, quando Duda Mendonça, comandante da campanha de Lula, me ligou dizendo que seria impossível o seu candidato chegar à Band a tempo de gravar. E propunha fazer ao vivo.

Concordei, porque não vi importância naquela mudança e, também, porque muito intimamente eu temia que o líder das pesquisas, no final, não aparecesse para dar a entrevista. E liguei para o comitê de campanha do tucano Serra, apenas para dar uma satisfação, sem nenhuma preocupação maior. O mundo caiu.

Caiu para o Serra, que teve aquela reação impensável, e ameaçou cair para mim, quando vi que os tucanos pareciam dispostos a não autorizar a exibição da entrevista. Por nada.

Por nada, mas não transigiam. Vi que, conversando com os assessores, não havia saída. E lá fui eu enfrentar o Serra talvez enfurecido de novo, já perdendo a esperança. Finalmente, ele veio ao telefone.

— Serra, sabe o que está acontecendo nessa história toda? Nada.

— Como nada? você está me desrespeitando.

— Nada disso.

E expliquei que o importante para a Band, para o eleitorado e para ele mesmo era que houvesse as entrevistas. Fazer ao vivo com o Lula não significava nada. No final, chegamos ao ponto que já contei no início deste capítulo. Parecia tudo resolvido.

Quando fui então confirmar os detalhes com o chefe da campanha tucana, vi que a exigência de não exibir a entrevista

Debate na Veia 221

do Lula ao vivo se mantinha. Uma bobagem, certamente, mas atrapalhando. E o tempo era curto. Liguei para o comitê de Lula. Reproduzo de memória e com facilidade o diálogo.

— Duda, você tem que trazer o Lula aqui para gravar.

— Mas combinamos ao vivo…

— Mas eu já tinha combinado com o Serra, as duas entrevistas gravadas, e ele está cobrando.

Expliquei que não valia a pena um problema agora, ainda menos para o Lula. Ele acabava de concordar, quando recebi um último telefone do comitê do Serra.

— Queremos ir aí assistir a gravação do Lula.

— Mais uma bobagem. Mas podem vir.

Foi tudo feito em cima da hora. Gravamos com o Lula e terminamos pouco antes do horário previsto pela programação para entrarem as entrevistas. Na ausência do debate, elas fecharam bem a cobertura da Band.

No dia seguinte, o horário eleitoral do PT exibiu a entrevista com a chamada esperta: "Lula debate com jornalistas".

Eu me lembrei que, na redação, depois da entrevista, fiz o que seria uma piada com o Duda, dizendo que, no final, Lula não tinha conseguido fugir do debate. E minha brincadeira, captada pelo senso de oportunidade do marqueteiro, virou título do último programa eleitoral daquela campanha do PT, anunciando o inusitado "debate" dos jornalistas com Lula. Pelo menos, esse foi sem regras.

57

Estreia no comício da morte

— Presidente, o senhor não teme que um golpe derrube seu governo?

Diante do palanque, naquele dia 13 de março de 1964, no Rio, quando já havia começado o célebre comício da Central do Brasil, o foca forçava a garganta ao máximo gritando para cima a pergunta que o presidente João Goulart, com um sorriso de circunstância no rosto, não respondia.

O foca, que era eu, insistia inutilmente na pergunta, imaginando que Jango, ao olhar para baixo, estava prestando atenção a ele e a seus gritos. Não era isso.

O presidente tinha o hábito de olhar para baixo, até quando conversava frente a frente com alguém. Não gostava ou não tinha mesmo o hábito de encarar as pessoas.

Naquele ambiente festivo, com momentos até apoteóticos, não faltavam também sinais de um clima tenso, que se insinuava por ali e que, de fato, já se espalhava pelo país. Boatos de que haveria um atentado tinham circulado nas vésperas do comício e chegado às redações. Havia tensão no palanque. A conspiração avançava a passo de ganso, e nada sutil, em várias áreas, como entre lideranças empresariais e agrárias em óbvia aliança com notórias elites golpistas da UDN e setores das Forças Armadas, todos já mobilizados para derrubar o governo de Jango. Depois do comício, tudo isso se agravou ainda mais.

No palanque ali na praça, vi quando João Pinheiro Neto, ao lado do presidente, agitava o decreto já assinado da Supe-

Debate na Veia 223

rintendência da Reforma Agrária, desapropriando terras às margens das rodovias federais.

O ex-presidente Juscelino, dias depois, praticamente às vésperas do golpe, que ocorreria no dia 31 de março, sabia o que dizia, naquele momento, quando chamou a atenção do jovem superintendente:

— Eu já lhe disse, "Seu" João, mexe com a mulher dos outros, se você quiser, mas com as terras deles, não.

No estúdio da Band, eu relembrava aqueles momentos no Rio, 38 anos depois, observando o candidato José Serra, no início do primeiro debate de 2002, entre os adversários na disputa pela presidência da República.

No palanque do comício, um pouco atrás de Jango e Maria Teresa, a bela primeira dama de 28 anos vestida de azul, aparecia a cabeça do presidente da UNE. Era um José Serra cabeludo e bem mais magro do que o candidato careca ali no cenário do debate. E com um discurso, esbravejado lá no palanque, bem mais radical do que as perguntas e respostas no confronto com os candidatos Lula, Ciro Gomes e Anthony Garotinho.

No comício, uma tentativa de Jango de mostrar força, quando tudo caminhava para a derrubada do seu governo, já não havia lugar para discurso moderado. Imperavam o espírito e a retórica do enfrentamento.

Leonel Brizola, então deputado pelo Rio, o homem que, à frente da Rádio da Legalidade, dois anos antes, havia comandado a mobilização pela posse do cunhado, após a renúncia de Jânio Quadros, compareceu ali com o discurso mais agressivo. Às 19h50, olhei no relógio e anotei: Brizola começou a falar. E foi num crescendo, esquentando mais o ambiente. Até que, no final, apareceu de corpo inteiro o conhecido estilo do ex-governador gaúcho de pressionar o cunhado:

— O presidente que se decida a caminhar conosco...

Essa foi a frase que mais me chamou a atenção, concluída, me lembro bem, sob aplausos da multidão de 200 mil pessoas:

— ... e terá o povo a seu lado.

Confiro agora outro trecho:

— O povo olha para um dos poderes da República, que é o Congresso Nacional, e ele diz "não", porque é um poder controlado por uma maioria de latifundiários, reacionários, privilegiados e de ibadianos... um Congresso que não dará nada ao povo brasileiro.

Brizola, sempre muito aplaudido, atacava o Congresso por não querer aprovar as reformas de base de Jango, principalmente a agrária, que provocava maiores reações[10].

Eu e o fotógrafo, que me acompanhava naquela cobertura, nos movimentávamos por todos os lados da praça, buscando personagens para rápidas entrevistas e novos ângulos para fotografar.

A segurança do comício — um aparato militar com milhares de homens, carros de combate, tanques e atiradores com metralhadora distribuídos por toda aquela área — incluía também uma força composta por sargentos, organizados e mobilizados como setor da confiança especial do presidente.

O último discurso de Jango, já no desespero da queda, seria numa reunião da Associação dos Sargentos, dia 30, na sede do Automóvel Clube, no Rio.

Tentei me aproximar de alguns deles, mas, desconfiados e esquivos, não estavam absolutamente para conversa nem para ser fotografados. Alguns foram até ríspidos, ameaçando me empurrar.

Mas o foca não desanimava facilmente. Acabei conseguin-

---

[10] Quase 60 anos depois, gravando para um filme do sempre excelente Silvio Tendler, voltei a me lembrar de Jango e Brizola neste palanque como expressão do conflito entre dois modos de representar o trabalhismo herdado de Vargas. Ou duas linhas de ação, como mostra o professor João Trajano Sento-Sé, autor do livro *Brizolismo*, ao qual já recorri, ao lado de outros, como *João Goulart* de Jorge Ferreira, em discussões ou análise do tema. (N. do A.)

do me aproximar de alguns sargentos e foi ali, naqueles momentos, que vi o que me pareceu ser algum sinal claro de desânimo, um dos piores sintomas de um clima que, àquela altura, já poderia estar um tanto deteriorado em torno de Jango.

Algumas das minhas lembranças escorrem, 58 anos depois, podendo confundir um ou outro detalhe, mas posso escrever que cheguei a ouvir um sargento falando com outro algo como "essa bagunça vai acabar logo", o que poderia ter vários significados, já que só captei a frase isolada, mas me pareceu uma manifestação de reconhecimento do fim próximo ou até de apoio ao golpe. Até entre os sargentos? Fico apenas na impressão.

Voltei a me aproximar do palanque, peguei uma ou outra frase dos últimos discursos. Miguel Arraes, o lendário governador pernambucano, estava mais conciliador ou menos contundente do que costumava ser, mas sem esquecer a sua repetida fórmula da "conquista da nossa independência econômica definitiva", que lembro até hoje:

— A liquidação dos grupos internacionais que nos esmagam.

O presidente da UNE, José Serra, já denunciava um golpe a caminho.

Naquela noite, vi que o presidente Goulart se definia mais claramente. Era possível observar ali na praça — mesmo na visão de um repórter inexperiente — que Jango estabelecia uma ruptura com os setores moderados que ainda o apoiavam. Ele falou durante mais de uma hora, numa linguagem em parte cuidadosa, como era de seu hábito e gosto, mas já num tom que provocava novas e maiores reações num país conturbado e dividido.

Jango atravessou a fronteira, "ou passou da linha", como ouvi, dias depois, na briga de bar que testemunhei e anotei numa pequena cidade no interior de Minas. Aberto sobre a mesa, havia um jornal já amarelecido com o projeto, divulgado pelo governo, da reforma agrária, obviamente o tema que tinha provocado a discussão degenerada em briga. Eram janguistas e lacerdistas reproduzindo com socos e garrafadas o debate político que dividia o país. Imagino que cenas incivilizadas como aquela, motivadas pela política, não eram raras pelo Brasil a fora naqueles dias.

Os sinais iam tomando forma. O golpe aparecia no horizonte muito próximo, a partir dali, daquele momento histórico na Praça da Estação, até aos olhos menos atentos. Ou mais ingênuos. Faltavam 18 dias.

Jango enfatizava e insistia nas reformas, com plena consciência de que o Congresso, de maioria conservadora, não estaria disposto a aprová-las. Já se configurava o confronto de posições, quando o presidente decidiu ir para a rua e falar diretamente ao povo. Confiro um trecho do final do discurso:

— Eu estaria faltando a um dever de consciência, se não dissesse que este esforço extraordinário que realizamos aqui, ao lado do sofrimento também extraordinário do povo, jamais atingirá seus grandes objetivos sem que se realize no Brasil as reformas de base reclamadas por toda a nação.

Jango estava suando muito. Durante o discurso usou o lenço para enxugar o rosto muitas vezes. Seus médicos haviam demonstrado preocupações na véspera do evento. Temiam pelas reações que a emoção pudesse provocar naquele paciente cardíaco de 46 anos. Nada nem ninguém convenceriam o presidente a não comparecer ao "grande encontro com o povo", como dizia a propaganda chamando para o dia 13. Um dos médicos havia perdido seu tempo insistindo nisso. Jango não admitiu a ideia, mas chegou a ter dúvidas sobre o comparecimento de Maria Teresa. Ela também não admitiu a conversa e foi. Ficou ao lado do marido — "sentindo muito medo", como contou depois.

O presidente tinha jogado muito — ou mesmo tudo —

Debate na Veia 227

naquele comício, preparado com o máximo zelo para marcar o momento político.

O grande evento estava anunciado para começar às 17h30 e, bem antes, por volta de meio-dia, já havíamos chegado à praça, o fotógrafo e eu, empolgados pelas possibilidades da cobertura de um episódio histórico. O primeiro da minha carreira.

As caravanas com seus cartazes e faixas vinham de vários Estados. Quando começaram os testes de microfones, a multidão mostrava seu entusiasmo aplaudindo os locutores. Antes das 17h, a praça, em frente à Central do Brasil, já estava lotada. As faixas e cartazes pediam as reformas, todas elas. A bancária, a urbana, a tributária, a universitária eram as mais citadas, só perdendo para a que mais entusiasmava o público reunido ali e provocava, em grande parte do país, as maiores reações contra o governo: a reforma agrária, "a redistribuição justa da terra acabando com o latifúndio improdutivo", como gritavam os alto-falantes dos carros de som, na Avenida Brasil, chamando para o comício[11].

Eu circulava pela praça, anotando rápidas declarações dos que se acotovelavam buscando os melhores lugares e ouvia as frases de sempre, de apoio ao Jango e defesa das reformas. Os gritos já enchiam a praça. Não me esqueço de uma festiva delegação de Minas, que praticamente me atropelou, carregando uma enorme faixa. Olhei para cima meio desequilibrado e li:

---

[11] Ainda no ano do golpe, lá estava eu, ao lado de jornalistas mais experientes, como o então repórter Alberico Souza Cruz, do Jornal do Brasil, cobrindo o Congresso Nacional de Reforma Agrária, realizado na Universidade Federal de Viçosa, em Minas. Em poucos meses, o governo Castelo Branco formou uma comissão, iniciou os trabalhos, elaborou o projeto, mandou para o Congresso e, em 30 de novembro, em 64, já sancionava a lei. Era o Estatuto da Terra, anunciando dois objetivos: execução da reforma agrária e o desenvolvimento da agricultura. Cobrindo o evento, não era difícil prever que o segundo objetivo teria mais futuro — aliás, brilhante, como mostra a evolução do agronegócio no Brasil. (N. do A.)

"Manda brasa, presidente". Logo apareceu outra: "Fora com os tubarões".

Em meio aos gritos e apoios empolgados, não faltavam, principalmente entre delegações sindicais, sempre mais informadas, algumas demonstrações de temor das forças conservadores, já sabidamente mobilizadas contra o governo.

— Eles vão contra-atacar...

Ouvi essa frase e outras semelhantes, ali no meio do público do grande comício, que durou cerca de cinco horas, com o entusiasmo suplantando e vencendo o medo, que andou por lá discretamente. Mas marcou presença, pouco perceptível numa concentração apoteótica como foi aquela.

Depois do longo e aplaudido discurso de Jango, que falava emocionado e emocionava o público, encerrava-se o evento histórico, que teve sua contrapartida, em São Paulo, poucos dias depois: as principais ruas centrais da cidade foram tomadas por uma multidão de manifestantes, que não toleravam mais o governo Jango. O caminho do golpe estava firme e forte. Mais do que consolidado. E não faltava apoio das ruas.

Não faltavam também, além do pavor ideológico, motivos para críticas ao governo, quando a inflação se aproximava dos 100 por cento, depois do fracasso de um plano econômico tentado pelo presidente em 1963. E o dinheiro, sem indexação, naquele tempo, só perdia valor. O fato é que o ambiente foi ficando mais pesado a cada momento.

Os investimentos estavam parando em todos os níveis da economia. Eu me lembro de um personagem de uma das matérias que começava a fazer, naqueles dias, sobre a atividade econômica em Minas.

— Eu vendi minha farmácia e não faço nada com o dinheiro até esse governo cair.

Decisão inteiramente irracional, já que o dinheiro depositado era o pior negócio do mundo, sob a voracidade da inflação sem correção monetária. Só podia ser ditada pelo desespero ou por um ódio ideológico, que também andava pelo país. Fui, então, atrás de outros pequenos e médios empresários, comerciantes, vendedores, profissionais liberais, gente de classe média, e as reações eram, na maioria dos casos, de pessimismo total. É claro que, nesse meio, o apoio a Lacerda e aos golpistas de um modo geral também só crescia.

Terminado o comício, fiquei ainda por ali, na praça, fechando a cobertura com os últimos personagens e as últimas anotações, e me retirei, com a multidão, para passar a matéria por telefone para a minha redação em Minas, com a sensação de fim de festa. Isto é, de fim de governo.

No dia seguinte, pela manhã, quando saía do prédio, onde funcionava a sucursal do Correio de Minas, eu vi um carro escuro parando num sinal, na rua em frente, enquanto duas senhoras animadíssimas acenavam para ele. O vidro da porta de trás desceu e apareceu um sorriso largo e duas mãos respondendo aos acenos. Era o ex-presidente Juscelino, que estava no Rio naquela sexta-feira 13, dia do comício fatal de Jango. O carro seguiu e, depois de um último aceno, JK subiu o vidro. O comício e seus óbvios efeitos, a começar pelos quartéis já a caminho do golpe, deixaram o ex-presidente em tensão permanente. Sua candidatura à reeleição era tudo o que importava, para ele, antes do golpe. E continuou assim, também depois da queda de Jango, quando o então senador chegou a votar no Marechal Castelo Branco, esperando que ele garantisse a disputa presidencial em 1965, como estava prevista. O fato é que o ainda sorridente JK, dentro daquele carro, não tinha ideia de que estaria cassado e exilado pouco tempo depois.

Quando o general Olímpio Mourão Filho, menos de três semanas após o comício, se precipitou começando a movimentar suas tropas de Juiz de Fora para o Rio — ao que tudo indicava, um tanto antes da hora — o ambiente de golpe já estava amadurecido há tempos. O comício do dia 13 foi, talvez, o peso — a provocação, diziam os golpistas — que faltava.

Avaliando o ambiente ali no estúdio da Band, onde se realizava o primeiro debate da campanha de 2002, que elegeria Lula, minha memória ainda me levava para o Comício da Central no Rio, naquela praça lotada, principalmente quando ouvia o candidato Serra, 38 anos depois do discurso radical do presidente da UNE, no último palanque de Jango.

Nem podia esquecer, como não esqueço até hoje, a notícia que chegava, 19 dias depois do comício, confirmando que o ex-presidente João Goulart já estava no Uruguai para o longo exílio com a família. Todo o elenco daquele palanque se dispersava, saindo do país, se escondendo por aqui mesmo ou sendo preso. No mínimo, todos perseguidos[12].

Eu, ainda com o nome no expediente de um semanário odiado pelos militares, "O Binômio", embora já de volta ao Correio de Minas, jornal ligado ao ex-presidente Juscelino, extinto logo depois, fui aconselhado por amigos a me cuidar.

Como tantos jovens da época, a minha "ficha no DOPS" dava sentido aos conselhos. Lá constava uma prisão, durante uma greve de ônibus, a filiação à Ação Popular, além da passagem recente pelo "Binômio".

Antes de entrar numa redação de jornal e nunca mais procurar alternativa — passando dos 60 anos de trabalho até agora — transitei entre as faculdades de Direito e de Economia da UMG.

---

[12] Naquela noite de pancadaria não faltou o batalhão de estudantes, inclusive secundaristas, sempre os mais dispostos a apanhar da polícia. Eu me lembro de me apontarem um adolescente, entre os mais agitados, irmão do brilhante redator Carlinhos Wagner. O talento completo da família, mais tarde, se expressou em livros fundamentais, como Chatô e Olga. É ele mesmo: Fernando Morais. Foi deputado, secretário em São Paulo e até chegou a ser indicado candidato a governador, em 2002, quando participou de um debate na Band com excelente desempenho. Mas não ficou na campanha. (N. do A.)

Depois de aprovado nos temíveis vestibulares da época, entrando primeiro em Direito e, no ano seguinte, em Economia, havia visto que as matérias a serem estudadas vinham acompanhadas de opções extra-curriculares inevitáveis no ambiente político que fervia nas universidades.

Entre as mais sugestivas, optei pela Ação Popular, uma espécie de resultante natural da participação da JEC, a Juventude Estudantil Católica, de onde eu vinha. Assim o PCB e assemelhados foram descartados pelo estudante cristão que eu era e continuei sendo. Mas, na agitação estudantil daquele tempo, todos dialogavam e se encontravam sempre, inclusive na cadeia.

Faz mais de 62 anos, mas não me esqueço de uma noite passada atrás das grades do DOPS de Belo Horizonte, deitado no chão, ao lado do sociólogo Ivan Otero Ribeiro, mais tarde assessor do Ministério da Reforma Agrária, e de um colega chamado Jair, líder estudantil e, depois, integrante de um grupo de ação armada, com o codinome "Dorival".

Quando fomos libertados, pela manhã, estava nos esperando, em frente ao prédio do DOPS, na Avenida Afonso Pena, outro dirigente da AP, Paulo Haddad, anos mais tarde ministro da Fazenda do governo Itamar Franco.

Mas minha militância política estudantil acabou ali. Logo depois, eu já estava envolvido pelo jornalismo, em tempo integral. Não demorou, no entanto, para que minhas afinidades políticas da época me levassem para o semanário esquerdista "O Binômio".

Fui dormir, no dia do golpe, na casa de um colega, filho de um major ligado aos golpistas mineiros e anti-janguista visceral, mas que me acolheu com generosidade. Ele me dizia:

— Sei que estou errado, mas não vou te denunciar. Te recebo como amigo do meu filho.

Nunca mais me esqueci do major Flósculo Santiago Ramos, pai de Estácio Ramos, jornalista que cresceu na profissão.

Dois dias depois, eu já estava de volta à redação, como alguns colegas que também se protegeram naqueles momentos. Num certo grupo de estudantes e jovens jornalistas, era quase lugar comum a tal ficha no DOPS.

No estúdio da Band, em agosto de 2002, na agitação e tensões inevitáveis num evento como aquele — e ainda com tempo para relembrar momentos do passado, estimulado por personagens ali presentes — eu e minha equipe, no final da noite, comemorávamos mais um debate histórico produzido pelo nosso jornalismo, em pleno clima democrático.

58

Não viu a multidão, FHC?

O jovem professor da USP visitava os pais no Rio, quando chegou o dia de voltar para São Paulo. Não era um dia qualquer. Era o 13 de março de 1964, mas a data não parecia dizer muito àquele jovem. Nem mesmo o acontecimento que marcaria aquele dia na história recente da República.

Isso se comprovou quando o jovem e sua mala passaram por uma multidão, a caminho da estação, onde ele pegaria um trem da Central. Era uma grande multidão, agitadíssima, convocada pelo presidente João Goulart para participar de um comício, o famoso "Comício do dia 13", que pesou e muito no ambiente do golpe de 64. O comício, com Jango, Leonel Brizola, Miguel Arraes, Maria Teresa Goulart, Darcy Ribeiro, João Pinheiro Neto e outros, que se espremiam no palanque lotado, empolgava a multidão engajada. Mas não o suficiente para chamar a atenção do jovem professor que passava por ali.

Eu, aquele "foca" que cobria o evento, como já contei aqui, me surpreendi, 55 anos depois, quando li esse episódio no excelente livro de memórias do ex-presidente Fernando Henrique, o mesmo jovem professor alienado.

Alienado?

Foi o sentido da pergunta que fiz a ele, num programa na Band, o Canal Livre, logo depois de lançado o seu último livro.

— Presidente, no dia 13 de março de 1964 o senhor estava no Rio...

— Estava na casa do meu pai.

— E aí o senhor foi à estação pegar o trem para São Paulo e havia ali uma multidão, mas parece que o senhor não tomou muito conhecimento daquilo... Era simplesmente o comício do dia 13 do Jango, momento crucial da fase final do governo. O senhor, professor universitário, futuro presidente, não se interessou por aquilo?

E completava com uma certa empáfia que confesso agora.

— Eu, bem mais novo do que o senhor, era uma criança, estava lá cobrindo o comício, como foca.

FHC, que nunca dispensava a ironia, bateu palmas para mim sorrindo, disse "parabéns então para você" e deu lá sua explicação.

— Eu saía da casa do meu pai, passei pelo comício. Não prestei atenção ou não me dei conta. No trem, conversei com alguns amigos ... não percebemos que estávamos num vulcão, né? Depois, de volta a São Paulo, começou tudo a ficar mais claro, deu para perceber, aí já queriam me prender ... etc. Naquele tempo a sociedade rachou.

Não me satisfez essa fraca resposta. Continuo achando um tanto descabido um sociólogo brilhante, de 33 anos, já admirado por colegas e amigos, autor de trabalhos de alto nível e futuro presidente da República, passar assim ao largo do "Comício do dia 13" sem se dar conta de sua importância. Curiosidade ou interesse: zero. Nada a ver com as brilhantes análises que cansou de fazer, depois, sobre o golpe.

No livro ele diz com singeleza que passou ao lado do comício sem vê-lo, "tal o meu desligamento dos fatos políticos".

No trem, Fernando Henrique, segundo escreveu, se encontrou com dois amigos: José Gregori, que, 30 anos depois, seria seu ministro da Justiça, e Plínio de Arruda Sampaio, que se tornou um respeitado político de esquerda, um pioneiro na discussão da reforma agrária. Mas ambos tão por fora como Fernando Henrique do comício daquele dia 13, embora demonstrando, durante a viagem, preocupação com os boatos e possibilidades de golpe. Só não imaginavam de qual dos lados viria o golpe e não se sentiam ligados a nenhum deles — o que não impediu que, algum tempo depois, os três estivessem sendo perseguidos pelo regime militar.

Plínio e Gregori, tanto quanto FHC, foram assíduos frequentadores dos estúdios da Band nas noites de debates. Eu me lembro de Gregori acompanhando Fernando Henrique no primeiro confronto entre os candidatos à presidência em 1994.

Plínio, depois de ter sido candidato a governador, disputou também a presidência, em 2010. Excelente debatedor, mas sem qualquer possibilidade de subir nas pesquisas. Um bom candidato sem chance, como costuma ocorrer — o que, pelo menos, valoriza o debate.

Foi o que aconteceu com a participação de Plínio, candidato naquela eleição contra Dilma Rousseff, Marina Silva e José Serra, no confronto comandado por Ricardo Boechat, o primeiro na tevê da campanha de 2010.

Plínio de Arruda Sampaio brilhou, enriqueceu o conflito de ideias, tornou o debate mais atraente, chegou a ser aplaudido no estúdio da Band até por eleitores dos outros candidatos. Mas não atraiu votos. Mal passou dos 800 mil — suficientes, no entanto, para deixar seu rastro naquela campanha.

59

Último coronel da política mineira

Você leu o *Vila dos Confins* de Mário Palmério? Ou o *Chapadão do Bugre*, que veio no rastro do sucesso do primeiro?

Palmério, além de escritor de sucesso, foi também político e chegou a ser prefeito de Uberaba. Ocupou a cadeira de Guimarães Rosa na Academia Brasileira de Letras, o que não significa que tivesse o talento do antecessor genial. Longe disso.

Mas Palmério conta histórias imperdíveis nesses dois romances. No *Vila dos Confins*, os lances de uma eleição no interior mineiro são narrados de uma maneira que prende o leitor e o joga para dentro da história. Difícil escapar.

Nada parecido e nada comparável ao nosso grandioso "Fausto do sertão", como definiu Guimarães Rosa o seu *Grande Sertão: Veredas*, numa entrevista na Alemanha. Mas o "Vila", como Palmério se referia ao livro, tem o seu lugar na nossa literatura.

A pesquisa de linguagem, os hábitos naquele interior mineiro, o clima eleitoral, os casos contados na região, tudo isso Palmério trabalhou e esmiuçou intensamente para compor sua eficiente narrativa,

Na cidade de Oliveira, numa certa tarde de um certo dia dos anos 50, apareceu num bar um homem que chegava ali a cavalo com um companheiro, depois de aterrissarem seu teco-teco num pasto próximo. A gasolina estava no fim.

No bar, o passageiro daquele avião, ocupou uma mesa com o seu piloto, mas já querendo aproveitar o tempo, que seria perdido, naquela interrupção da viagem.

Debate na Veia 237

Com a caderneta de anotações na mão, perguntou ao garçom, que já se aproximava:

— Onde encontro o prefeito eleito da cidade?

— Aqui mesmo, senhor ...

E, falando mais baixo, pelo respeito senhorial devido, apontou num canto do bar uma mesa onde a figura do coronel Chichico Cambraia se destacava.

— Coronel Chichico?

— Tá falando com ele mesmo.

Começava ali uma conversa que rendeu bons trechos do "Vila dos Confins". Foi o coronel que me contou em detalhes esse encontro. Claro, depois, fui ler a obra.

A primeira pergunta de Mário Palmério não podia ser outra:

— Como o senhor ganhou a eleição aqui?

Quando o coronel começou a responder, o escritor já ia enchendo sua caderneta com aquele ouro puro:

— Como eu ganhei? Ué... Campanha laboriosa, devagarinho. Foi de cuspir no "burraio".

Quando me lembro desse diálogo, penso que o folclore político nos dá, à sua maneira, uma boa resposta para um dos maiores problemas do nosso sistema eleitoral, que é a distância entre o eleito e o eleitor.

O coronel explica e o escritor anota:

— Ah! prá cuspir no "burraio" tem que chegar bem cedo na casa do eleitor, na hora mesmo do café sendo feito. Ali é sentar no quentinho da frente do fogo, ir conversando, esperando sair o café, já acendendo o pito e ir cuspindo ali no "burraio". Dá uma intimidade danada, sô.

Ouvindo o coronel, muito tempo depois, contando todo o episódio, guardei aquele fraseado, quando explicou o sucesso do método:

— E aí, de casa em casa, a rua vai chegando, o voto cresce que nem sarda miúda...

O coronel Chichico, com sua fama de esperto, personagem de inúmeras histórias que justificam essa fama, foi o último coronel da política mineira. Mas apesar da sua inevitável visão ultraconservadora da sociedade e da política - até como resultado da sua condição - tinha rasgos de grandeza que chamavam a atenção.

E inclua aí algumas posições surpreendentes, como a de apoiar e defender sempre o deputado Gabriel Passos, notório nacionalista respeitado na esquerda.

José Maria Rabelo, jornalista perseguido pelos militares, nunca esqueceu a solidariedade do coronel, que o escondeu na sua fazenda. Eu mesmo tive o apoio dele, em 64, quando algumas ondas hostis me cercavam. O coronel ajudou aquele jovem assustado, como fez a muitos.

Suas histórias de espertezas dariam um livro. Deu inúmeros comentários meus no Jornal de Vanguarda, criado na Band por Fernando Barbosa Lima. Era um quadro em que eu conversava com o coronel sobre questões políticas atuais. E contava muitas de suas histórias.

Numa reunião de prefeitos, em Belo Horizonte, havia sido distribuído um questionário, onde, entre as perguntas, figurava esta:

— O seu município precisa de play-ground?

O coronel não teve dúvida.

— No momento não precisa.

Depois do evento, um jornalista perguntou a ele por que aquela resposta. E o sábio coronel explicou:

— Uai! Pois eu não sei o que é aquilo. Mas vou saber e, se for "trem" ruim, eu fico quieto, e, se for "trem" bom, meu filho, aí eu mando avisar: "agora precisa."

O coronel, bom nos negócios dele desde adolescente, trabalhando em várias fazendas com o pai e o irmão, gostava mesmo era de política. Era de disputar. E disputou enquanto pôde.

Debate na Veia 239

Cheguei a falar de debates eleitorais com ele. Parecia empolgado com qualquer confronto político. Ouvi algo como "menino, tem mesmo que botar as ideias pra brigar, uai".

No ambiente onde já se consolidava a reabertura democrática e ferviam a política e os políticos, que era o estúdio da Band, na realização dos primeiros debates do primeiro turno de 1989, sempre aparecia um ou outro me perguntando qual seria a opinião do último coronel da política mineira sobre algum tema que dividia o país. Eram muitos naquele Brasil em confronto, como se repetiu em outras eleições e, com mais intensidade, nesta última de 2022.

Não dava e não dá para improvisar sobre as posições do coronel Chichico, mas um ponto sempre foi claro: embora homem voltado para a disputa, nunca desprezou um bom acordo político.

Ferrenho adversário de Tancredo Neves e um dos responsáveis pela vitória de Magalhães Pinto ao governo de Minas, em 1960, ele entrou numa costura, mais tarde, de um consistente acordo com o mesmo Tancredo, que se elegeu, numa segunda tentativa, para governar o Estado. E o acompanhou até o Colégio Eleitoral.

Eu tento aqui reproduzir uma declaração dele, que ouvi na época, num bar da cidade, explicando aquela amizade nova. A união de um lendário coronel udenista com um histórico líder pessedista.

— A hora não é de separar nada, é de juntar sim… O Tancredo? Que inimigo o quê … Eu até já gostava dele. Agora, sô, o nome é ele… Política não é coisa de bobo.

Não deu tudo certo, mas o coronel fez, pelo menos, a parte dele.

60

Baile da Ilha Fiscal em NY

Nas escadas do Plaza Hotel, em Nova York, preparado para a festa mais tarde do "Homem do Ano", promoção da Câmara de Comércio Brasil-EUA, se encontraram Carlos Langoni, presidente do Banco Central, e Ernâni Galveas, ministro do Planejamento.

Langoni, que subia as escadas, acabava de chegar de Washington com más notícias. Galveas, que saia para espairecer um pouco, talvez no Central Park, ali em frente, antes da concorrida solenidade de entrega do prêmio, parou para ouvir a novidade de Langoni.

Cenhos carregados, os dois cochichavam, mas não em voz tão baixa que não chegassem algumas palavras aos ouvidos do jornalista, que também subia as escadas naquele momento.

Lá estava eu confirmando a informação que já não surpreendia: o FMI recusava mais uma carta de intenções do governo brasileiro. Na verdade, o texto que se baseava, como se soube depois, em cálculos e metas, que não poderiam ser cumpridos, não chegou sequer a ser apreciado pelo Conselho-Diretor do FMI. Era o Brasil, no governo Figueiredo, em plena turbulência econômica, que, alguns anos mais tarde, chegaria à moratória, com José Sarney.

A novidade — que não era tão novidade assim — fazia pesar mais o quadro de deterioração da economia, avançando nos anos 80, onde dívida externa, juros asfixiantes, inflação explodindo e tensões de mercado se cruzavam nas manchetes de nossos jornais.

Debate na Veia 241

A ironia era que tudo aquilo mais a recusa do FMI — que obrigava a rever a carta nem sempre cumprida — se misturavam, na noite de gala, nas conversas e nas danças do baile que entrava pela suntuosa madrugada do Plaza, depois da entrega do prêmio. Naquele ano, o escolhido foi o ministro Galveas. No ano seguinte seria o empresário Mário Garnero.

Nas conversas, entre os alegres convidados, não faltaram alguns toques surrealistas. Fui testemunha, pelo menos, de um, numa roda com alguns empresários, quando alguém disse, depois de comentar a crise da nossa economia:

— Isso aqui está parecendo o baile da Ilha Fiscal.

A mulher de um dos convidados, muito animada, logo reagiu, falando com o marido:

— Não me lembro desse baile, amor. Nós não fomos, né?

O marido disfarçou o mal-estar, ajudado pela música alta, que reduzia os danos. Cochichou no ouvido da mulher alguma coisa e, logo, os dois estavam sorrindo, parecendo que até a crise econômica havia sido esquecida por alguns momentos.

Coincidência: um pouco antes, numa outra roda, essa só de jornalistas, o baile da Ilha Fiscal, a famosa festa oferecida por D. Pedro II, às vésperas da queda da monarquia, já havia sido lembrada por um colega bem-humorado. Melhor dizendo: irônico.

Na longa reportagem que escrevi para o Jornal da Tarde, no dia seguinte, e que ocupou a última página, usei a analogia com o episódio de 1889, depois de pedir licença ao colega, que, generosamente, me cedeu a ideia. Era o redator-chefe do jornal "O Estado de S. Paulo", Miguel Jorge, depois ministro da Indústria e Comércio do segundo governo Lula, entre 2007 e 2010.

A minha reportagem entrava numa sequência vertiginosa de matérias sobre a nossa crise econômica, que passou por anos de variadas manchetes, entre planos e fracassos no combate à inflação, e, assim, desafiadora, desembarcava no estúdio da Band, nos primeiros debates entre presidenciáveis, como um dos assuntos principais, senão o principal.

Críticas ao passado e propostas, de vários matizes, para o futuro povoaram as perguntas e respostas dos candidatos nos quatro primeiros confrontos daquele ano eleitoral na Band.

A diversidade das abordagens e das ideias expressava o leque democrático que se abria para o Brasil, naqueles tempos que iam deixando a ditadura para trás, cada vez mais longe.

61

Gravando: General vai falar.

A inflação herdada do governo Figueiredo, que chegou a 225,9 por cento ao ano, e os caminhos da reabertura democrática eram temas centrais do país nos primeiros meses do sucessor José Sarney no poder — quando o ex-presidente visitou a Band.

O personagem, o momento político, os jornalistas da casa mobilizados, as câmeras prontas para entrar em ação, todas as condições estavam ali para uma entrevista oportuna. Menos uma: o general não queria falar.

Mas os jornalistas não desistiram. E, no final da visita, voltaram a atacar.

Nas despedidas, ouvindo as insistentes tentativas, inclusive da diretoria da Band, o general se rendeu.

— Mas tem que ser rápida.

Claro que aceitamos a condição e prometemos a entrevista mais rápida possível. Claro também que não foi tão rápida assim.

Marília Gabriela apresentou a entrevista, acompanhada por mim e por Hamilton Almeida Filho, um jornalista brilhante e inconstante, que, na época, trabalhava na Band.

As atitudes do ex-presidente, recusando de início a entrevista e demorando a aceitar os apelos, deixavam muito claras as dificuldades nas suas relações com os jornalistas. Não se sentia à vontade com esses profissionais insistentes, muitas

244 *Fernando Mitre*

vezes inoportunos e sempre fazendo perguntas indiscretas, querendo saber tudo.

Não demonstrava estar à vontade com jornalistas nem quando se mostrava simpático num ambiente, como naquela visita à Band. Naquele dia parecia sorridente e amigável, bem diferente do estilo do então presidente num episódio em que havia rasgado o documento de concessão da Band em Brasília. Era a punição pela cobertura que a emissora havia dado aos comícios e ao movimento das Diretas-Já em 1984. No final do governo, ele ainda mudaria a atitude e assinaria a concessão. A cobertura que tanto ofendeu o governo e o presidente havia sido orientada e acompanhada pessoalmente por João Saad, ignorando pedidos, advertências ou ameaças diretas e indiretas, vindas de Brasília. Esse episódio me foi narrado por Johnny Saad numa conversa sobre varias atitudes semelhantes, no período militar, de seu pai João Saad, a quem substituiu na presidência da Band em outubro de 1999.

Mas naquela visita, a cordialidade predominou, não faltaram sorrisos. E, no final, veio a entrevista.

Ao lado da inflação crescente, que atingiu seu momento mais dramático no período, em fevereiro de 1985 — e que ficaria muito pior no final do governo Sarney —, a dívida externa fazia também seu estrago, tendo chegado a 100,2 bilhões de dólares. Hoje, seria de 1,3 trilhão.

Pagar aquela dívida — e como — já era uma questão em discussão, uma espécie de véspera da moratória, que seria decretada pelo ministro da Fazenda, Dilson Funaro, no período Sarney.

Mas o governo Figueiredo parecia querer ser discreto sobre o assunto, que já era trágico, a não ser quando o próprio presidente não se continha.

Debate na Veia   245

Eu me lembrava de um dos seus desabafos, no final do governo, quando respondeu a um jornalista, saindo apressado de um evento.

— E a dívida externa, presidente?

— Não vou pagar.

— Como?

— Não pagando.

— Por quê?

— Porque não tenho dinheiro.

Eu tentava reconstituir esse diálogo na memória quando voltei ao assunto com o agora ex-presidente. Resposta coerente:

— Não dá para pagar.

— Mas como fazer isso?

— Vai perguntar para o outro agora.

Mas se referiu depois ao caminho da renegociação, sem maiores detalhes. No seu governo, a situação da dívida externa atingiu um ponto de extrema gravidade, dramatizado pelo fato de que nossas reservas estavam simplesmente esgotadas. Restavam as polonetas, títulos da dívida pública que a Polônia, falida, não tinha como pagar. E o Brasil vivia sufocado pelos juros internacionais, se equilibrando nas relações precárias com os banqueiros.

Havia, no entanto, agenda para festas, com a participação de muitos dos personagens principais da crise, que envolvia a América Latina. Como a festa do "Homem do Ano" referida no último capítulo.

No hall do Regency Hotel em Nova York, onde se hospedavam alguns convidados para o elegante evento, promovido nos salões do Plaza, hotel próximo, cheguei a ver Tony Gebauer, vice-presidente do Morgan Guaranty Trust, e Jesus

246 *Fernando Mitre*

Herzog, ministro da Economia do México, entretidos numa longa conversa.

Conversa séria certamente, considerando a gravidade da crise, mas nada que impedisse um momento descontraído em que vi credor e devedor se divertindo muito, a julgar pelas risadas dos dois, interrompidas logo pelo simpático empresário Mário Garnero, que nos apresentou a eles. Eu e alguns colegas convidados circulávamos pelos restaurantes e salões dos dois hotéis, à cata de notícias, que não faltavam, nas vésperas da grande e concorrida festa que premiaria o ministro Ernane Galveas o "Homem do Ano" da Câmara de Comércio Brasil-EUA de 1983. O americano também escolhido para receber o prêmio foi o secretário de Estado George Shultz.

Enquanto estava ali na roda com Jesus Herzog, Gebauer, Garnero, Galveas que havia chegado, outros empresários e vários colegas, confesso que, por um minuto ou dois, quem mais me chamou a atenção foi um personagem que não tinha nada a ver com a crise brasileira ou mexicana, nem com os juros internacionais, nem mesmo com a festa no Plaza. Eu o vi atravessando o hall do hotel na direção da porta e me lembrava da cena em que ele caminhou para a morte, com o revólver sem bala, no duelo final do excelente The Last Sunset, um dos meus faroestes preferidos na adolescência. Quando Kirk Douglas desapareceu, saindo para a calçada, voltei a prestar atenção em Jesus Herzog, que já estava se despedindo do grupo.

O México havia decretado sua moratória em agosto do ano anterior e a crise dos endividados da América Latina, que já era grave, se tornou trágica. Com os financiamentos dificultados e, às vezes, quase impossíveis, o Brasil sofria mais, em pleno governo Figueiredo. Em 1983, nossa economia de-

Debate na Veia 247

cresceu 3,2 por cento e a população perdeu 6,9 por cento de sua renda. Temas que abordamos naquela entrevista, na Band, com o ex-presidente.

Sobre a inflação, disse que podia ficar pior e acertou em cheio. No final do governo do "outro", a violência inflacionária explodiu.

A reabertura democrática era um assunto fundamental naquele momento. Ainda estou pesquisando à procura da fita gravada da entrevista — e, se encontrar, mexo nesse texto — mas lembro bem que o general parecia se dar um certo mérito no processo de reabertura e até demonstrando algum orgulho, sem tentar ou querer disfarçar sua despreocupação com popularidade. O estado de espírito era aquele mesmo que expressou quando, no final do governo, respondeu à pergunta de como gostaria de ser lembrado pelo povo.

— Que me esqueçam.

Voltando à inflação, além das previsões da tragédia maior, não disse nada significativo, mesmo porque, desde seu governo, não tinha a menor ideia do que podia ser feito. E não só ele.

Figueiredo havia recebido a inflação com 46 por cento ao ano e entregou a Sarney com mais de 200 num clima de total insegurança com o poder aquisitivo da população. Sarney partiu para a aventura do Plano Cruzado, depois o tal Plano Verão, e não tocou sequer no item redução de despesas ou saneamento das contas públicas. Chegou a incríveis 1972,9 por cento de inflação no final de seu governo.

Esses números entravam nos estúdios da Band, a partir de julho de 1989, levados nas mais variadas e inúteis propostas dos candidatos em debate.

A pergunta — o que fazer com a inflação? — continuou sendo repetida pelo país até o final do primeiro turno e chegou ao segundo, passando pelos dois debates finais entre Collor e Lula. E só foi respondida pelo novo presidente no desastre do confisco da poupança.

62

Tive que sair procurando Lula

O que pode estar fazendo um diretor de jornalismo no comitê de um candidato a presidente, sentado diante da mesa do chefe da campanha e, certamente, perturbando o trabalho da equipe? Quando apareci por lá senti claramente que minha presença incomodava e já começava a criar algum constrangimento. Cumprimentei o marqueteiro e comandante supremo da campanha, Duda Mendonça, que me apontou uma cadeira sem conseguir — ou tentar — disfarçar a surpresa.

Depois de inúmeros telefonemas e algumas reuniões sem resultados com representantes dos candidatos para fechar o primeiro debate do segundo turno de 2002, eu havia decidido entrar no corpo a corpo com os comandos das duas campanhas.

Com o candidato tucano, José Serra, e seu marqueteiro Nizan Guanaes tudo caminhava bem. Mas para os lados de Lula, que liderava as pesquisas, a conversa não evoluía, o que me levou a fazer aquela visita sem convite ao comitê do PT.

Duda, demonstrando um cansaço inevitável àquela altura da campanha, se prontificou a me ouvir, tentando ser simpático.

— Vai, Mitre, defenda o seu debate.

— Meu não, debate do Brasil, e eu até acho que será o debate do Lula.

— Estou sem tempo para papo furado, Mitre. Alguma ideia nova para esse debate?

— Muitas, e sem contar as que você vai me dar, que serão as melhores.

Eu tinha boas relações com o Duda, o que permitia o bom humor mas não significava que ele facilitasse as coisas para mim. Naquela tarde, o meu "papo furado" — que tento reconstituir aqui — não funcionou e eu apenas confirmei o que já presumia: o Lula não estava a fim de ir àquele debate. Mas eu tinha que tentar.

No final, em vez de debate, consegui produzir, às vésperas da eleição, a entrevista com cada candidato, como já contei neste livro. Ficou, obviamente, uma frustração.

Minha visita ao comitê petista terminou um tanto melancólica, quando eu já havia perdido qualquer esperança de convencer o marqueteiro de Lula a levá-lo ao debate.

Já ia me levantar quando chegou ali à mesa um prato com uma salada de alface e alguma carne. Havia também um copo com suco ou refrigerante. Era o almoço do Duda. Ele me perguntou se eu "estava servido" e começou a almoçar, o que me fez ficar mais um pouco, numa última tentativa de conversa, que, não verdade, não passou de abobrinha.

Lembrei-me de um belo conto de Machado de Assis em que o personagem "se abastecia de alface e vaca virgulando a oração com golpes de vinho".

(De novo, estou usando a memória aqui, mas quem quiser conferir vai ler ou reler um dos mais belos contos da nossa literatura: "Missa do Galo".)

E foi só isso. Adeus debate.

Quando ia deixando o comitê, depois de me despedir do marqueteiro, encontrei um personagem, um argentino simpático naturalizado francês, que, na época, chegou a ficar conhecido no Brasil. Era Luís Favre, pseudônimo de Felipe Belizario Vermus, casado com a prefeita de São Paulo, Marta Suplicy e ex-marido de Marília Andrade, uma das herdeiras da constru-

Debate na Veia 251

tora Andrade Gutierrez. O autodidata Favre, ex-ativista trotskista, estava na assessoria internacional do PT.

— Você está aqui tentando seduzir o Lula.

A brincadeira até que fazia sentido, mas, na verdade, eu tinha tentado convencer o marqueteiro de Lula. E não o próprio candidato, o que pode ter sido um erro. Afinal, de sedução o Favre entendia.

Fiz ainda algumas tentativas de envolver o Lula, mas não fui além de conseguir aquelas entrevistas com os dois candidatos em separado — o que até acabou tendo uma presença forte no final da campanha, embora sem alterar em nada a tendência clara de vitória do candidato petista.

Duda Mendonça, Marta Suplicy e Luis Favre me lembram o pior debate que produzi na Band. O mau momento ocorreu na campanha municipal de São Paulo, em 2004, vencida pelo tucano José Serra. Havia surgido, durante uma reunião com representantes dos partidos, no primeiro turno, uma ideia inteiramente descabida, que evitei discutir ali na esperança de que fosse esquecida. Mudei de assunto. Mas na reunião seguinte, lá estava ela de novo.

A ideia era defendida por Duda Mendonça. Eu nunca tinha ouvido nada parecido. O Duda propunha que, nos dois blocos com jornalistas, as perguntas fossem feitas antes de sorteado o candidato que daria a resposta. Fiz o que pude para desviar o assunto, apresentei o modelo de cenário, horário, número de credenciais para os partidos e encerrei a reunião, marcando novo encontro para aprovação das regras e detalhes finais de produção. Mas, no dia seguinte, Duda voltou à carga, num telefonema que me preocupou.

— Mitre, você não está levando a sério a minha proposta.

Na verdade, eu estava tentando não levar aquilo para frente. Argumentei que perderia totalmente o sentido da participação dos colegas, se eles tivessem que fazer perguntas genéricas, sem saber quem responderia.

— A pergunta tem que ser direta, Duda.

— Não acho.

Quando terminou o telefonema, fiquei com a impressão de que aquilo poderia causar a ausência da candidata Marta Suplicy, bem colocada nas pesquisas ao lado de Serra e presença importante no debate.

Comecei a fazer ajustes nas regras, reduzi para um bloco a participação dos jornalistas e considerei, para compensar, acrescentar perguntas do âncora aos candidatos. Enfim, fiz o que pude para reduzir os danos da má ideia do Duda Mendonça, que acabou sendo bem recebida por outros candidatos.

Melhorou, mas não resolveu: aquele foi o pior debate que já produzi.

Na extensa lista de problemas no caminho da produção de um debate eleitoral, há sempre o perigo ou o temor de ausência de algum candidato importante. A insegurança aí, como já mostrei em capítulos anteriores, é companheira permanente.

E não era novidade para mim aquele tipo de dificuldade. Já tinha passado por algumas, a maior delas em 1989, tentando convencer o comando da campanha de Fernando Collor a levá-lo aos debates da Band no primeiro turno. Só foi possível no segundo turno, como se sabe, no debate produzido pelo pool de emissoras.

Não descansei, enquanto foi possível tentar alguma coisa com o Collor. Depois de várias iniciativas inúteis, comecei a perseguir o candidato. Uma noite, depois de uma entrevista na TV Cultura, no programa Roda Viva, eu apareci lá e fui atrás dele, tentando convencê-lo a participar do debate, enquanto ele apertava o passo.

— Governador, a sua campanha não mandou ninguém à reunião na Band...

Ele permaneceu em silêncio, já deixando o estúdio.

— A sua cadeira estará esperando pelo senhor no debate.

Debate na Veia 253

Nenhuma resposta.

— Posso convidar o seu irmão Leopoldo para a próxima reunião? Ou o senhor indica outro?

Continuou em silêncio, apertando o passo.

— Vou ligar para o Leopoldo. Obrigado.

A resposta foi a porta do carro se fechando, com ele acomodado no banco de trás, me ignorando completamente. Faz parte.

A ausência de Collor, naquele primeiro turno, acabou se transformando num dos assuntos dos debates na Band. As referências feitas por Brizola animavam a plateia e os confrontos entre candidatos tão representativos e diferentes marcaram as noites democráticas mais intensas que a tevê brasileira já tinha vivido até àquele momento.

63

Primeira acusação ao PT

Acusar o PT ou um petista de corrupção? Essa ousadia nos primeiros anos da reabertura democrática parecia inconcebível até que, em pleno debate presidencial, no estúdio da Band, naquele julho de 1989, o candidato da UDR, o ruralista Ronaldo Caiado, atirou a primeira pedra.

Subsidiária da Bunge & Born, gigante internacional, a construtora Lubeca entrou naquele debate, pela acusação do candidato Caiado, como fonte de uma verba não declarada de U$2 mil para a campanha de Lula.

Citado como intermediário numa negociação, que nunca ficou clara ou comprovada, o vice-prefeito de São Paulo, Luís Eduardo Greenhalgh, chegou a ser afastado pela Prefeita Erundina, inteiramente alheia ao caso. As investigações não foram longe. Investigado e arquivado por falta de provas em três frentes — uma comissão na prefeitura, uma na câmara municipal e um inquérito na polícia civil — o caso foi para a Justiça Eleitoral e de lá também para o arquivo.

No debate, Caiado acusava e Lula reagia indignado diante do que chamava de calúnia. No final do debate, ainda no estúdio, rodeado de repórteres, Caiado mantinha a acusação. Já saindo, e dando sua última entrevista da noite, Lula continuava indignado.

Eu tinha voltado para a minha sala, onde pretendia dar um balanço com a equipe da bela noite democrática, no estúdio da Band, quando entrou o candidato Caiado. O movimento no

Debate na Veia 255

prédio já estava acabando, os últimos carros deixando o pátio e o exército de repórteres e fotógrafos prontos para a retirada. Caiado sentou-se numa cadeira, aceitou um copo com água e sorriu um tanto vitorioso. Afinal, tinha carimbado o PT com a primeira acusação de corrupção. Eu confesso que ainda achava tudo aquilo um tanto surrealista. E jamais imaginaria que o país começaria a assistir, anos depois, a longa história de denúncias e corrupções envolvendo o PT com todas as suas impensáveis consequências.

Caiado, ali na minha sala, não disse grande coisa quando entrei no assunto Lubeca e logo se despediu. Não sei se ele apenas havia esperado que se acalmasse o ambiente, que esteve quente no estúdio e nos corredores, para depois ir embora mais tranquilo. Ou se queria descansar mesmo. Ele chegou demonstrando enorme cansaço e alguma inquietação. Gostou quando fechei a porta.

Anos depois, em 1997, chega à minha mesa no Jornal da Tarde uma denúncia do economista e então dirigente petista, Paulo de Tarso Venceslau, na época secretário da Fazenda de São José dos Campos, sobre um esquema de favorecimento a uma empresa de prestação de serviço a prefeituras do PT. Era a Cpem-Consultoria para Empresas e Municípios — que prometia aplicar um esquema para aumentar a arrecadação em troca de honorários generosos.

O caso, contado pelo Jornal da Tarde numa reportagem de Luís Maklouf Carvalho, logo repercutiu em todo o país. O PT formou uma comissão para analisar o caso. Veio um relatório, assinado por José Eduardo Cardoso, Paul Singer e Hélio Bicudo, registrando algumas evidências da operação. Roberto Teixeira, compadre e amigo de Lula, era apontado como um personagem central no que algumas manchetes já chamavam de escândalo. O partido se agitava.

256 *Fernando Mitre*

No final, a história se inverteu: o denunciante, Paulo de Tarso Venceslau, tratado como traidor, foi expulso do partido, numa votação acachapante: 60 a 2. E o caso acabou engavetado.

Na época, recebi um telefonema do futuro presidente. Lula estava preocupado, aparentemente disposto a esclarecer qualquer dúvida ou suspeita, "se houver..." Da frase final dele, eu me lembro.

— Continuo andando com a cabeça erguida, ninguém duvide disso.

Ofereci o espaço que quisesse no jornal para dar a explicação que considerasse adequada. Ficamos de falar de novo, quando ele achasse conveniente. Não voltou mais ao assunto.

Eu me lembrava, naqueles dias, do grande debate que abriu a campanha de 1989, pensava na denúncia sobre a Lubeca, que não andou, avaliava essa confusão, quase 10 anos depois, com as prefeituras do PT, que também ficou sem resposta. E imaginava: se o partido tivesse reagido com rigor e atitudes internas eficientes nos dois casos, as histórias que vieram depois, tempos de mensalão e Lava Jato (com seus absurdos), não poderiam ter sido diferentes?

Debate na Veia

64

Perigo nas trincheiras da USP

Os estudantes, organizados e entrincheirados na área da Cidade Universitária da USP, estavam em pé de guerra. Haviam percorrido as ruas de São Paulo, gritando palavras de ordem contra a ditadura, virando alguns carros pelo caminho e voltando para o seu quartel-general, protegido por barricadas. Era o CRUSP, transformado em cidadela.

No final da noite, na redação do Jornal da Tarde, chegam à minha mesa as últimas fotos de mais um agitado dia, em São Paulo, como se tornava normal naquele setembro de 1968. As fotos já mostrando o ambiente depois da passeata nas áreas protegidas e ocupadas pelos estudantes na USP. Centenas deles moravam nas dependências do CRUSP, o conjunto residencial para alunos, como se fosse uma grande república de estudantes rebeldes. Eles preferiam outro adjetivo: revolucionários. E eram glamurizados pela imprensa, num tempo em que Paris fervia com suas agitações, que logo se espalharam por outros países naquele 1968.

Comecei, ali na redação, a examinar as fotos, escolhendo as melhores, fazendo alguns cortes antes de colocá-las nas últimas páginas ainda abertas, quando uma delas me chamou a atenção. Era a foto do líder do movimento, o estudante José Dirceu, com sua nova namorada. Uma morena bonita e sorridente, mas logo reconheci nela uma outra condição: era uma policial, trabalhava na Secretaria de Segurança e estava infiltrada no movimento estudantil.

Alguns dias antes, ela havia visitado a redação com vários colegas funcionários da área de segurança do Estado. Conversamos rapidamente, mas o suficiente para que eu a reconhecesse, depois, na fotografia. Agente do DOPS.

Chamei um dos meus repórteres que cobriam diariamente os acontecimentos no CRUSP, com um propósito que me provocou um peso na consciência (seria certo denunciar a policial infiltrada entre militantes perseguidos numa ditadura?) mas essa dúvida não durou mais do que o tempo necessário à leitura desse parêntesis. E logo o repórter, que também havia reconhecido a moça, saía da redação, naquela noite, encarregado de contar ao José Dirceu quem era sua nova namorada. Grande sucesso.

A manhã seguinte foi especialmente agitada no CRUSP. Os estudantes prenderam a espiã, que não escondia o entusiasmo com sua aventura. Presa, vaiada e fotografada, aparecia com destaque nos jornais durante o curto tempo em que permaneceu nas mãos dos estudantes. Quando foi libertada, já era uma celebridade de ocasião.

Numa entrevista exclusiva para o Jornal da Tarde, pousou para o nosso fotógrafo praticando tiro ao alvo. O sorriso da bela espiã armada na capa do jornal foi uma atração especial nas bancas. Abrilhantado pelo caprichado cognome que ela, logo, confessou: "Maçã Dourada".

No debate da Band, nas eleições para o governo de São Paulo, em 1994, lá estava o candidato do PT, o ex-líder estudantil José Dirceu, trazendo um histórico que passava pela luta armada, por prisões, exílios, candidaturas vitoriosas a deputado até a derrota naquele ano para Mário Covas. Dirceu ficou com 14,8 por cento dos votos e não chegou ao segundo turno.

Depois cresceria mais na política, com participação fundamental nas primeiras vitórias de Lula e no dia a dia do governo. Encontrou sua derrocada nas condenações e prisões por

Debate na Veia 259

corrupção, que ele sempre negou. Já no terceiro mandato de Lula, sem participação no governo, se mantém discreto na atividade política.

A "Maçã Dourada", vivendo sua rápida passagem pela galeria da fama, antes de cair no anonimato, acabou marcando um episódio pitoresco na história intensa e dramática do movimento estudantil em São Paulo, entre 1967 e 1969.

Uma fase — mais pesada em 1968 — que incluiu momentos como o fatídico 2 de outubro, dia do confronto entre estudantes da USP e grupos da Mackenzie, quando um tiro, disparado por um membro do CCC (Comando de Caça aos Comunistas) matou um estudante secundarista de 17 anos, José Guimarães, que vi sangrando, carregado ali na Rua Maria Antônia pelos companheiros que o socorriam. Ainda estava vivo, de olho aberto, quando passou por mim, levado para receber cuidados médicos, àquela altura, já inúteis.

Um outro acontecimento — esse, como quase todos, acompanhei trabalhando na redação — foi o fracasso do Congresso da UNE na cidade de Ibiúna, que terminou numa enorme fila de estudantes presos. Editamos quatro páginas sobre esse congresso mal organizado e mal realizado. Era uma fase em que não faltaram fatos dessa natureza produzidos pelo movimento estudantil, todos frequentando as pautas diárias das redações. E até hoje pesquisados, analisados e reproduzidos com seu significado crescente de resistência à ditadura naqueles anos que já tomavam dramaticamente a cor do "chumbo".

65

Voz inovadora na campanha

Entre os 23 candidatos que se apresentavam para disputar a presidência da República em 1989, a Band escolheu, para participar de seus debates, os nomes com maior presença nas pesquisas de intenção de voto, considerando também a representatividade e tradição dos seus partidos.

O critério, basicamente jornalístico, parecia óbvio e foi entendido assim até pelos candidatos e partidos rejeitados — já que a legislação naquela eleição não era ainda tão rígida como se tornou depois.

Mas, logo no início da campanha, algo novo começou a se mexer. E chamava a atenção, não pelos resultados de pesquisa, que eram insignificantes, nem pela presença na campanha, que um tempo curtíssimo no horário eleitoral, embora usado com criatividade, não ajudava muito. Mas pelo próprio conteúdo do discurso e das atitudes do candidato por onde ele passava — em tudo e por tudo diferente dos outros. Era Fernando Gabeira, candidato do recém-criado Partido Verde.

Eu avaliava o quadro geral das candidaturas, preparava já os debates e não tinha dúvida sobre a atração que Gabeira representaria, na tevê, se confrontando com os outros candidatos. Mas, consultando os advogados, também não tinha dúvida de que um convite a ele despertaria o interesse e a reação da longa lista de candidatos não convidados. E a hipótese de um problema na Justiça Eleitoral, podendo inviabilizar os debates, era tudo o que eu não ousava admitir.

Debate na Veia 261

Resolvemos, em parte, a questão produzindo uma edição especial do programa Canal Livre, apresentado à tarde por Silvia Popovic. Gabeira, sentado ao lado da apresentadora, debatendo com os vários convidados que ocupavam a mesa circular no estúdio e respondendo perguntas de populares, que entravam ao vivo da rua, apresentou durante 2 horas as suas ideias que inovavam na política e no comportamento.

Dez anos antes, logo que chegou do exílio — ele havia dado, a meu convite, uma entrevista ao Jornal da Tarde, uma das suas primeiras, já mostrando uma visão de esquerda inédita por aqui.

Naquela tarde na Band, houve tempo suficiente para um recado completo do jornalista, que saiu da redação para entrar na luta armada, participou do sequestro de um embaixador americano, libertou companheiros, depois foi libertado por outros, saiu para o exílio, voltou, entrou para a política partidária, escreveu livros inesquecíveis como "O que é isto, companheiro", disputou eleições e voltou para a redação. Na sua trajetória política, quase foi prefeito do Rio. Veja os números: 49,22 por cento contra os 50, 78 de Eduardo Paes.

No início de nossa vida profissional em Minas, tinha sido um dos meus primeiros chefes e, mais tarde, depois de deixar a política, trabalhou comigo na Band. Hoje integra o competente time da GloboNews.

Na fase mais dura da ditadura, deixou o prestigiado cargo de pauteiro do Jornal do Brasil para se dedicar à luta armada. Em São Paulo, na clandestinidade, fez contato com alguns colegas de jornal. Eu me encontrei com ele na Rua Major Quedinho, perto de onde era o Estadão e o Jornal da Tarde. Conversamos um pouco, ele estava animado e cansado. Esperava que eu o convidasse para a minha casa. Não pude.

Hospedava, naqueles dias, um irmão da minha mãe, tio que havia encantado minha infância voando no seu teco-teco amarelo. Mas: tornou-se um valente produtor rural no Mato Grosso, anticomunista até a medula e vendo inimigos o tempo todo, pronto a usar sua arma em defesa da sua pátria e das suas terras. Se eu aparecesse em casa com o Gabeira naquele dia, só Deus — melhor dizendo: só o diabo — saberia o que podia acontecer.

Sei que, entre a emoção de encontrar o amigo e o medo das circunstâncias, me ficou um gosto amargo por não ter levado o Gabeira para casa, como pude fazer com outros. Mesmo não concordando em nenhum momento com a opção pela luta armada — um encontro da coragem com o equívoco.

A exibição do Canal Livre com Gabeira acabou mexendo com os brios da enorme lista dos outros candidatos, os chamados bagrinhos da campanha de 1989. No dia seguinte, comecei a receber telefonemas. Sob um clima de insegurança que vivia, temendo qualquer problema com os debates históricos promovidos na Band, pensei logo numa resposta convincente à reivindicação daqueles candidatos. Funcionou.

Assim, num final de noite, horário um tanto tardio, foi realizado na Band, no mesmo estúdio e no mesmo cenário do primeiro debate — e com as mesmas regras — um confronto entre os candidatos que haviam ficado de fora antes. Gostaram da minha proposta, se aproveitaram como puderam daquela oportunidade e foram embora, sorridentes, depois do debate deles. Nunca mais me perturbaram. E a Band continuou promovendo os outros debates do primeiro turno em paz com a legislação eleitoral.

Na última noite histórica no estúdio da Band do primeiro turno, no quarto confronto entre os candidatos a presidente, também depois do Canal Livre com o Gabeira, os conteúdos apresentados — alguns fundamentais como o combate à inflação, o investimento e a distribuição de renda — não tocaram nem de longe em temas que eram centrais no discurso do candidato do

Debate na Veia 263

PV. Imaginei como teria sido sua participação ali, debatendo com homens como o Doutor Ulysses, Afif Domingos, Leonel Brizola, Aureliano Chaves, Ronaldo Caiado ou o Lula, e os outros naquela mesa, uma agenda necessária mas ainda pouco assimilada, como as questões identitárias e as de clima ou de gêneros, entre tantas.

No pouco espaço que teve, Fernando Gabeira, ausente no debate com os candidatos, conseguiu deixar sua marca na campanha presidencial de 1989.

66

A Igreja chega ao debate

Eu havia participado de um Canal Livre, na Band, com Leonardo Boff, um dos autores da Teologia da Libertação, que foi alvo do cardeal alemão Joseph Ratzinger, o duro prefeito da Congregação Para a Doutrina da Fé, o antigo Santo Ofício.

Toda aquela discussão, aquele conflito teológico, comandado no Vaticano por Joseph Ratzinger, que havia perseguido e punido o teólogo brasileiro e sua obra com o silêncio obsequioso, forma de censura brava, tudo aquilo ainda era recente na minha memória quando desci do táxi, na Praça de São Pedro, no dia 28 de fevereiro de 2013, meu primeiro dia de férias, em Roma, interrompidas ali mesmo.

Ouvi ainda no rádio daquele táxi a notícia que surpreendeu o mundo: o papa Bento XVI, o mesmo Ratzinger, o brilhante e polêmico teólogo que dividia a Igreja, acabava de renunciar. Verdade? Isso não acontecia há 600 anos.

Eu me lembro de que, já falando ao vivo, na rádio bandeirantes, depois na BandNews, eu ia dando a notícia até mesmo para as pessoas, perplexas, ali na praça, que estavam próximas de mim. A maioria ainda não acreditava e era inacreditável mesmo.

Muito antes, eu havia, em outra visita ao Vaticano, assistido a uma missa do então cardeal Ratzinger. Ele fez um brilhante sermão, baseado ou muito próximo da homilia de Navarra, que é um texto ultraconservador.

Impressionava aquele cardeal, que se tornaria Bento XVI, teólogo sofisticado, com uma obra teórica de peso. Há uma

Debate na Veia 265

edição em 15 volumes, escrita em alemão, que já está sendo traduzida, um legado importante, mas discutido e confrontado dentro da Igreja.

Bento XVI, depois de uma ativa participação no inovador Concílio Vaticano II, passou a defender claramente uma linha ultraconservadora. Queria uma Igreja intolerante com o relativismo. Mais rigorosa e, portanto, mais pura e menor.

Essa foi minha pauta de trabalho durante vários dias, entrando ao vivo nas rádios da Band e mandando comentários e entrevistas para a televisão.

Quem seria o substituto do papa Ratzinger, antes o rigoroso prefeito da Congregação para a Doutrina da Fé?

As dúvidas e nomes enchiam o noticiário, conjugados com o balanço de seu papado, que coincidiu com enormes dificuldades, como problemas de corrupção e a maldição da pedofilia.

Depois, viria Francisco, um papa muito diferente, aberto e popular, que chegou em boa hora, quando os desafios da Igreja continuam aí enormes[13]. Com suas divisões.

As divisões na Igreja são bem conhecidas dos brasileiros, como se comprova nas atitudes e posições tão diferentes, como as de Dom Hélder Câmara e Dom Eugênio Sales, ou Dom Pedro Casaldáliga e Dom Vicente Scherer, havendo casos como o de dom Geraldo Sigaud, o ultraconservador de Diamantina. E tantos outros de variados matizes.

Mas a reabertura democrática brasileira vinha marcada pela ação de algumas lideranças da Igreja, com lugar importante no combate à ditadura. A maior de todas, a de Dom Paulo Evaristo Arns, inspirava vários discursos de candidatos.

---

[13] Em agosto de 2023, interrompi minhas férias em Lisboa — aproveitando a companhia do meu filho Chico, bom de imagem e edição — para cobrir alguns momentos da Jornada Mundial da Juventude, liderada pelo papa Francisco. Destaquei a crise na Igreja, a perda continuada de fiéis e a coragem de Francisco de enfrentar, colocando às claras e condenando, os episódios "monstruosos" dos abusos sexuais. (N. do A.)

Nos discursos do candidato tucano Mário Covas, por exemplo, ficava clara a linha da Igreja progressistas, como se pode comprovar em alguns momentos de sua participação nos debates de 1989, na Band. Aliás, Covas e Dom Paulo eram amigos.

No tempo da resistência à ditadura, Dom Paulo circulava muito entre diversos grupos políticos. Ia das lideranças sindicais no tempo das greves do ABC até o velório de Wladimir Herzog. Eu me lembro dele, cercado de jornalistas, naquele momento de homenagem ao colega assassinado nas dependências do DOI-CODI. E, depois, no momento culminante do culto ecumênico na Sé.

Tudo isso deixou sinais profundos na política brasileira, que se expressavam de várias maneiras nas campanhas e nos debates entre candidatos — sem desconsiderar que setores conservadores da Igreja também inspiravam e inspiram partidos e candidatos, o que é histórico no Brasil.

Dom Paulo, no entanto, é um destaque especial pela presença permanente ao lado dos perseguidos nos momentos mais duros do regime autoritário. Protegeu muita gente e fez muitos amigos.

Mas com o cardeal Ratzinger não dava liga. Nem antes nem depois do papado.

Na trajetória dos debates, desde 1989, as questões ligadas à religião frequentaram as campanhas e debates eleitorais, em suas várias abordagens, não poucas vezes transformadas em conflitos entre os cristãos com suas divisões.

Na campanha de 2022, um desses pontos polêmicos, sob a perspectiva religiosa, chegou a crescer, a ponto de ser vista por alguns analistas como decisiva: a questão do aborto,

Com medo de perder voto, a assessoria de Lula, que havia defendido uma posição mais aberta sobre o aborto, quis propor a retirada do item religião da pauta de assuntos que pode-

Debate na Veia 267

riam ser tratados no debate. Lembro que tiramos religião, mas não o tema do aborto, que também pertence ao item saúde, ali mantido. No final, não houve tempo de algum jornalista tratar do aborto. Também nenhum candidato tratou.

Mas, de um modo geral, a Igreja de Dom Paulo, vindo da tradição da encíclica *Mater et Magistra* de João XXIII, influenciou fortemente a agenda das questões sociais nas campanhas e nos debates, desde a início da reabertura democrática.

E marcou suas posições na política brasileira.

O desafio social — o maior dos desafios do país — está aí de corpo inteiro, tomando forma cada vez mais nítida e ocupando seu lugar no debate sobre a democracia, com seus avanços e ameaças de recuo.

Nos confrontos entre os candidatos, desde 1989, as diversas visões e abordagens dessa questão central se cruzam e se chocam. Às vezes, dividem o país, como na campanha de 2022.

Uma visão geral dos debates presidenciais daquele ano, os primeiros da história política do país, mostra como esse conflito de opiniões se dava, quando o país acabava de sair da ditadura.

Isso sugere conferir, no próximo capítulo, as principais ideias expostas pelos candidatos nesses confrontos, num ambiente de consolidação democrática. Oportunidade para avaliar como evoluíram — ou andaram para trás — ao longo das nossas campanhas eleitorais, desde o histórico encontro na Band, em julho de 1989.

67

As ideias em conflito

Depois de vinte anos de ditadura, qual era a primeira medida de governo que cada candidato prometeria ao país, caso vencesse a eleição?

Essa pergunta (qual a primeira...?) que se transformaria em lugar comum, nas novas circunstâncias das campanhas eleitorais dos anos seguintes, abriu o primeiro debate, em julho de 1989, esquentando o ambiente preparado para o confronto.

A expectativa do encontro inédito já antecipava um significado especialmente intenso do conflito de posições políticas que surgiria nas primeiras manifestações dos candidatos.

Naquele desfile democrático de ideias, as diferenças ideológicas começavam a se mostrar em tópicos, como "não pagar a dívida externa" ou abrir os números da dívida interna "para alongar os prazos de pagamento". A reforma agrária garantia ali o seu lugar, a favor ou contra. Reduzir a máquina pública e "tornar o Estado menor e mais eficiente" eram ideias que também expressavam, entre outras, as diferenças e animavam o debate e a plateia, naquela noite agitada no estúdio da Band.

Todas essas ideias, ou quase todas, se ligavam direta ou indiretamente ao combate à inflação, que devorava o poder de compra da população.

Por ordem de sorteio, o tucano Mário Covas foi o primeiro candidato a apresentar suas ideias num debate presidencial na televisão brasileira.

Debate na Veia 269

Quando ele começou a falar, a emoção era visível no estúdio, entre seu grupo de apoiadores. E continuou contagiando todos os grupos ali, ao longo do debate. Ninguém escapava ao sentimento de estar vivendo aquele intenso momento democrático.

Covas escolheu a inflação como tema — exatamente o problema que caberia a outro tucano resolver, como ministro da Economia no mandato seguinte, já no período Itamar Franco, depois da queda de Collor.

O futuro ministro, Fernando Henrique Cardoso, assistindo àquele debate, estava certamente longe de imaginar — embora distante apenas 5 anos do fato — a grande façanha do Plano Real e seu caminho para a presidência.

Eu me lembro de uma reclamação de José Serra, ali no estúdio com seu grupo tucano, durante um intervalo de um daqueles quatro debates, contra a regra de apartes sem critério que eu havia inventado.

— Até aparte de aparte ... não faz sentido, Mitre.

Não fazia mesmo. Mas o fato é que, naquelas circunstâncias, tudo nos debates acabava funcionando. Enquanto Serra reclamava, eu me lembro vagamente de Fernando Henrique sorrindo. Não parecia participar da reclamação. Mais tarde, o baiano Antônio Carlos Magalhães qualificou aquele riso frequente como "sorriso de aeromoça". Já era seu sorriso de presidente.

Mário Covas abriu o debate, numa linguagem forte e objetiva, uma das suas vantagens quando em confronto.

— A proposta do PSDB é redonda, orgânica, indo em diversas direções para produzir a retomada do desenvolvimento, buscando encurtar as distâncias sociais entre as pessoas e as regiões. Um dos primeiros passos é um ataque claro, nítido, insofismável à crise inflacionária, que impede a distribuição de renda, a estabilidade e qualquer das medidas sociais.

A distribuição de renda entrava no debate, na fala de Covas, para não sair mais — tema alimentado, durante toda a campanha, principalmente por Brizola, Roberto Freire e Lula.

Nos quatro debates, a crítica à concentração de renda no Brasil, depois do período militar, esteve nas perguntas dos jornalistas José Augusto Ribeiro, José Paulo de Andrade, Augusto Nunes e eu mesmo, entre temas, como o peso do Estado, a dívida pública, a especulação financeira, além da inflação sempre presente, e os desafios da saúde e da educação. E outros.

Os debates avançavam no rumo de um balanço dos principais problemas do país, dando o tom da campanha. O resultado, no final, ainda foi insatisfatório, em alguns temas, como segurança e educação, entre outros, mas incomparavelmente melhor do que o de várias campanhas seguintes. Não dá para comparar, por exemplo o conjunto de ideias e propostas discutidas em 1989 com o vazio da campanha de 2018, um desastre no conteúdo programático, ou com a de 2022 com sua invasão de *fake news* e das ondas de ódio nas redes sociais - apesar da eficiência do modelo dos debates.

Brizola, que falou em seguida, investiu num tom mais contundente, que usou em todo o debate — e nos outros. Muitas vezes, com mais agressividade do que propostas concretas.

— Representamos um "Não" a tudo o que se vem fazendo no país... lutaremos para tirar esse país do atoleiro. Conseguir um mínimo de estabilidade e de vergonha. Mudar de rumo... retomar o crescimento da economia em outras bases. Com justiça social.

Durante o debate e, ao longo de toda a campanha, Brizola manteve essa linha, sempre defendendo o seu nacionalismo com frases genéricas e denunciando as "perdas internacionais", entre outros pontos, como o de atacar o liberalismo como "a teoria da raposa no galinheiro".

Com isso conseguiu agitar os debates do primeiro tur-

Debate na Veia 271

no — mas longe de apresentar um programa de governo. Já contei aqui que, numa entrevista com ele, cobrei um conjunto mais organizado de ideias programáticas e não consegui nada, a não ser a descrença do candidato nisso.

— Programa de governo serve é para enganar.

As ideias e posições se cruzavam naquele primeiro debate, provocando reações variadas da plateia, estimulada por atitudes dos candidatos, que iam da agressividade de alguns até a calma administrada de outros, mas passando por surpresas e comportamentos inusitados.

Paulo Maluf, sorteado depois de Brizola, começou vigoroso:

— A primeira medida que tomaríamos seria o combate incessante à inflação e … (foi isso mesmo) … à corrupção.

O candidato, que já era frequentador de reportagens sobre denúncias de corrupção, continuou insistindo nas duas prioridades, além de apresentar 10 outros objetivos, entre eles saúde, educação, agricultura e segurança

Mas foi no primeiro confronto de Maluf com Brizola que aquele debate chegaria à sua temperatura máxima. E outros se seguiriam.

Antes de Lula, jovem líder sindical, que despertava curiosidade e atenção especial da plateia, foram ouvidos o senador Afonso Camargo, habilidoso, mas sem voto, e Aureliano Chaves, sem voto e sem habilidade. Entraram no tema da redução do tamanho do Estado, do ajuste nas despesas, como condição para a retomada do desenvolvimento.

Ninguém pode gastar o dinheiro que ainda não tem... Afonso Camargo ficou praticamente nisso, defendendo austeridade nas contas públicas. E não usou todo o seu tempo na primeira fala.

O ex-vice presidente de Figueiredo, Aureliano Chaves, ficou no combate à inflação, abusando da redundância.

— Preservar a moeda para garantir o desenvolvimento ... preservação da moeda...

Quais seriam as primeiras medidas de um governo Lula? A expectativa no estúdio era grande, quando falou o jovem líder sindical.

— Medidas básicas ... fazer uma auditoria das empresas estatais, uma comissão para negociar com os credores internos da dívida pública, tentar suspender o pagamento da dívida externa...

Lula concluiu prometendo, se eleito, uma política para "recuperar o poder aquisitivo da população brasileira".

O enxugamento da máquina, uma reforma administrativa eficiente, que "ponha fim ao Estado perdulário" foram ideias que estiveram na base das manifestações de Ronaldo Caiado e Afif Domingos, e que frequentaram grande parte do debate, confrontando opiniões de Brizola, Roberto Freire e Lula.

— O que o povo espera do novo governante é resgatar a credibilidade da política neste país.

Caiado insistiu também nesse ponto — "resgatar a política" — que apareceu, em diferentes formas, nos discursos dos outros candidatos. Como no de Afif Domingos:

— O primeiro choque que daremos é o choque da credibilidade e da moralidade...

Mas a plateia mal digeria as primeiras ideias anunciadas por Lula, quando a ordem por sorteio indicava, finalmente, uma outra atração especial daqueles debates: o candidato do Partido Comunista Brasileiro, Roberto Freire.

Freire surpreendeu o público com uma linguagem mais moderada do que se esperava de um comunista que disputava o poder, depois de anos de perseguição e exílio.

Começou defendendo um ministério de "ampla coalizão democrática", com base social suficiente para legitimar mudanças numa "nova sociedade". E foi para a dívida pública, ou-

Debate na Veia 273

tro tema presente, por razões óbvias, em todos os debates.

— Superar os estrangulamentos das finanças públicas que fizeram o país perder esta década... cancelar o pagamento da dívida externa e alongar o perfil da dívida interna.

Freire, como todos os outros, não deixou de defender a recuperação do poder aquisitivo, "um salário mínimo consistente", que viria com iniciativas como as providências sobre as dívidas.

A inflação era o grande desafio e Fernando Collor, que não participou dos debates do primeiro turno, já estava preparando a sua bala de prata, que traumatizou o país.

O Brasil teve que esperar o segundo turno para ver o líder das pesquisas enfrentar seus adversários num debate. No primeiro, produzido em pool de emissoras, no estúdio da TV Manchete no Rio, ele começou sintetizando algumas ideias de seu plano de governo, mas falando genericamente sobre o combate à inflação, lugar comum em toda a campanha eleitoral.

— A inflação é o que traz maior transtorno para a vida de todos nós. Iremos combater a inflação, garantindo o salário real do trabalhador, garantindo o poder aquisitivo. Começando por aí, depois faremos um combate sem tréguas às mordomias, ao tamanho do Estado, à corrupção, aos marajás em todas as suas formas e sempre privilegiando uma política social que proporcione e forneça uma cesta de alimentos básicos com preços que o assalariado possa realmente pagar, sem nenhum tipo de crise na sua renda familiar.

Ninguém ainda sonhava com algo próximo ao Plano Collor. Ao reproduzir esse trecho da fala do então candidato, me vem à memória um telefonema, logo no início do novo governo, do colega Celso Ming, jornalista econômico que acabava de sair da entrevista da ministra Zélia Cardoso de Melo e do presidente do Banco Central, Ibrahim Eris.

— O dinheiro fica retido, todos os depósitos acima de 50 mil, com algumas exceções...

— O que você está descrevendo é um confisco da poupança.

— É isso mesmo.

Depois daquele primeiro debate do primeiro turno, a inflação continuou crescendo como tema de campanha, enquanto o ambiente pesava com as acusações, boatos espalhados pelo país e as baixarias que marcaram às vésperas da eleição.

Por essa época, as pesquisas colocavam os dois candidatos em empate técnico. O instituto Gallup saía com 45,6 por cento para Collor e 43,8 para Lula. A campanha iria esquentar mais e os números das pesquisas se manteriam com pequenas variações, com Lula, às vezes, à frente.

O candidato do MDB, Ulysses Guimarães, que não havia comparecido ao primeiro debate, foi uma das atrações especiais no segundo, principalmente por ter sido o presidente da Assembleia Constituinte.

E grande parte de sua participação - até por ser muito perguntado sobre o assunto — foi dedicada à Constituição. Frases como "é um instrumento da antiviolência" ou "um avanço de modernidade e de contemporaneidade dos mais notáveis" ou ainda "é uma Constituição democrática que começa com os direitos do homem" apareceram em vários momentos do debate.

Mas o dr. Ulysses deixou também suas ideias para o governo, com ênfase na economia:

— É preciso estabelecer a saúde econômica da nação. Regularizar a vida financeira do país. A inflação ... ela pune principalmente os que estão embaixo. E dificulta as soluções para os salários. A inflação sobe pelo elevador e o reajuste vai pela escada... Tomando medidas, como equacionar a dívida externa e administrar a dívida interna, haverá dinheiro para convalescer a economia...

Debate na Veia 275

Ulysses Guimarães, o "Senhor Diretas", nome fundamental na reabertura democrática, o homem da Constituição, não conseguiu nenhum sucesso como candidato, nem no debate nem na campanha. O apoio que esperava nunca veio, embora contasse com o maior e mais organizado partido do Brasil, o MDB, "a vaca leiteira", como ele dizia, ou "partido ônibus", como analisava Fernando Henrique antes de optar pelo PSDB. Ulysses ficou praticamente sozinho e acabou nos seus 4 por cento dos votos. No único debate, em que esteve, foi uma atração. Mas sem nenhum resultado.

No estúdio, me chamou a atenção a excessiva cerimônia que os assessores tinham com ele. Pareciam temer a reação do "velho", como falavam às vezes. Eu já tinha notado algo parecido quando tentava convencer seus assessores a trazê-lo para o debate. Foi uma dificuldade chegar até ele. No fim, consegui, mas penei.

O primeiro debate da história do Brasil entre candidatos a presidente só podia mesmo ter o sucesso que teve. Um sucesso que se prolongou e cresceu nos outros três debates produzidos pela Band, que acabou se transformando numa referência obrigatória da cobertura eleitoral.

Vários jornais escalavam repórteres políticos para cobrir o "setor Band". Não faltavam notícias por lá — mesmo porque a cobertura ia além desses debates, abrangendo, além dos telejornais, os diversos programas de entrevista. Por lá passavam candidatos e assessores o tempo todo — incluindo as reuniões para preparação e produção dos debates.

Os números das pesquisas eleitorais evoluíam — enquanto avançavam os debates — com pequenas oscilações, dando esperanças a Afif, Covas, Brizola e Lula de chegar à disputa, no segundo turno, com Fernando Collor que já ia lá na frente, numa liderança tranquila.

Quando foi realizado o último debate da Band no primeiro turno, a nove dias da eleição, Brizola e Lula já estavam deixando Covas e Afif bem atrás. Lula chegou lá por uma pequena vantagem contra Brizola.

Mas alguns candidatos, além do Doutor Ulysses, não saíam do lugar, por melhor que desempenhassem seu papel nos debates. Era o caso de Roberto Freire, que havia se revelado para o Brasil um excelente debatedor. Um sucesso no confronto com os adversários e no modo de defender suas ideias.

As câmeras de televisão aprovaram o candidato, que dominava o ambiente do debate com grande conforto. Mas o diálogo fácil de Freire com as câmeras — modo de dizer que alguém é bom na televisão — não funcionou com o eleitorado. As pesquisas davam números tímidos, mal chegando a 1 ponto, para aquele bom debatedor.

Eu me lembro de um diálogo, que tive com ele num jantar, depois de um daqueles debates.

— Roberto, você vai bem nos debates, mas as pesquisas...

Ele não tinha como discordar. E eu continuei, talvez, ousando um pouco.

— Acho que sei como você subiria nas pesquisas.

Ele apenas me olhou, sem demonstrar maior interesse. E eu continuei.

Mude o nome do seu partido.

— Que absurdo, Mitre.

Exagerei:

— Você dispara nas pesquisas, se anunciar isso...

— Absurdo...

E soltou num tom próximo de brincadeira:

— Como você tem coragem de propor isso para um velho bolchevique?

Debate na Veia 277

Rimos e a conversa mudou. Algum tempo depois, Santiago Carrillo anunciou a mudança de nome do PC espanhol. E abriu a porta da mesma mudança em vários países, inclusive no Brasil.

E eu me perguntei se Roberto Freire se lembrava daquele diálogo não levado a sério, quando ele assumiu a presidência do PPS, o novo nome do PCB.

68

A redação ferve

— Mataram o Kennedy.

— Eu sei.

— Deram um tiro nele...

— Eu sei, faz quase cinco anos.

— Não, mataram o outro Kennedy. Agora.

Era um velho funcionário da redação do Estadão, ainda usando o antigo uniforme de "contínuo" que vinha falar comigo, com uma cópia do telex na mão.

"Urgente, urgente, urgente — o candidato democrata Robert Kennedy acaba de ser baleado na cozinha do Hotel Ambassador, em Los Angeles..."

Em pouco tempo, a madrugada se agitava na redação do Jornal da Tarde, com a volta ao trabalho dos colegas que vinham dos bares, restaurantes e até das suas casas, os mais conservadores, prontos para preparar uma edição extra sobre o atentado a mais um Kennedy. E Robert morreria algumas horas depois. Vivíamos ainda um tempo de edições extras.

Eu, por mero acaso, tinha voltado à redação para pegar um livro e documentos esquecidos na gaveta, quando fui surpreendido pela notícia. Não foi difícil avisar os primeiros colegas, nos lugares de sempre, onde se refugiavam para os brindes obrigatórios de final de noite. Mesmo porque, eu já tinha passado por lá.

A edição extra saiu logo no começo da manhã, enquanto já se preparava a edição completa do Jornal da Tarde, que ain-

Debate na Veia 279

da era o vespertino do "Estadão". Depois, passaria a sair mais cedo.

Eu me lembrava da minha primeira edição extra, ainda em Minas, e não por acaso com o assassinato, em Dallas, do presidente Kennedy, naquele dezembro de 1963. O mesmo som inconfundível enchendo a redação: o barulho rítmico das máquinas daquele tempo, o teletipo e o telex cantando a tragédia.

Muitos anos depois, um telefonema, também de madrugada, reproduzia em parte aquele diálogo de junho de 1968 sobre o atentado a Robert Kennedy. Dessa vez, fui acordado em casa.

— O papa morreu...

— Morreu mesmo, mas já faz 1 mês.

— Não brinca, Mitre, o papa novo morreu. Coração.

Em pouco tempo, os telefonemas como aquele do secretário gráfico, que havia parado as máquinas antes de me ligar, iam avisando outros colegas, enquanto eu, que morava perto, já chegava ao novo prédio do "Estadão". Tivemos tempo de refazer toda a edição, naquele setembro de 1978, com a cobertura completa da morte de João Paulo I, que ficou no posto apenas 33 dias.

Nos tempos mais duros do regime militar, no auge da luta armada, os fatos muitas vezes prolongavam nossa permanência na redação, nos obrigando a refazer todo o trabalho, como na noite do atentado ao prédio do jornal, já narrado aqui.

Numa semana, em que houve uma sequência de fatos, como a explosão de um fusca carregado de bombas, subindo a Rua da Consolação, o trabalho praticamente não parou. Não foram poucas as vezes em que dormi num grande sofá verde (acho que era verde) na estrada da redação. Numa manhã, fui acordado por um funcionário do prédio.

— O dr. Júlio mandou te acordar.

Fiquei sem saber se era uma gentileza do patrão ou um puxão de orelha por estar dormindo num lugar impróprio. Sei que, algum tempo depois, lá estava eu, de novo, dormindo no mesmo sofá. Acordei sozinho.

Os plantões na redação se multiplicavam e, muitas vezes, era necessário atrasar a edição — ao mesmo tempo, tentando evitar prejuízos na distribuição — à espera da comprovação de alguma notícia importante ainda em apuração. Isso que, teoricamente, faz parte do dia a dia de qualquer redação, tendia a virar rotina, naqueles tempos. Como numa fase de boatos sobre a perseguição ao capitão Lamarca, que, depois da morte de Marighela, tornou-se o alvo preferencial das forças em ação do Exército. Sua deserção havia provocado a ira dos comandos militares. Não poderia mesmo ser diferente.

Eu me lembro da publicação de um pequeno anúncio perdido numa página cheia deles, dizendo algo assim:... "desapareceu um caminhão do exército carregado de armas e munições, levado por um oficial, um sargento ..." Ficou claro, depois, que era o Lamarca, divulgando um recado aos novos companheiros.

Pouco antes desse fato, eu havia editado uma matéria de página inteira com várias e excelentes fotos de uma aula de tiro ao alvo dada por um oficial do Exército, mestre da pontaria, a um grupo de funcionárias de um banco. Elas aprendiam a se defender no caso de algum assalto. E ele, o instrutor, se tornaria um eficiente e frio assaltante de banco, sempre pronto a praticar sua especialidade com a arma na mão. Era ele mesmo, o Lamarca.

Acabou cercado e morto no sertão da Bahia, em setembro, de 1971, já muito fraco e doente, depois de uma longa e implacável perseguição. Naquele dia, a edição do jornal esgotou nas bancas e nas esquinas onde ainda era vendido.

O sucesso do jornal não amenizava o clima pesado que vivíamos no país. E que se refletia na redação, onde a censura atuante e sempre presente, agredindo o jornalismo diariamen-

Debate na Veia 281

te, tornava tudo pior e mais obscuro. Houve momentos em que a esperança da volta às liberdades era apenas um sinal quase imperceptível, ainda que luminoso, no horizonte distante. Estávamos a quase 20 anos dos grandes momentos democráticos expressos na primeira campanha presidencial depois do regime militar.

Quem viveu todo aquele período de trevas, como cada um dos que lotavam o estúdio da Band, naquele confronto de ideias em julho de 1989 — que foi o que me animou a escrever este livro — não poderia deixar de sentir a emoção de privilegiado participante de um dos momentos de maior significado da história da nossa reabertura democrática. Para mim, foi o maior, na tevê.

FHC/URV, força imbatível em qualquer debate.

Lula com os assessores Ayrton Soares e Duda Mendonça, no intervalo do confronto com Alckmin, em 2006: "Esse debate não vai terminar..."

Modelo testado com sucesso no debate entre Bruno Covas e Guilherme Boulos, evoluiria para o confronto de 2022.

Comício da Central: até um foca podia ver que o fim estava próximo.

Jango, num discurso emocionado, falou mais claro para as esquerdas.

Debate na Veia

Ronaldo Caiado, carimbando o PT com a primeira denúncia de corrupção.

O fatídico 2 de outubro de 1968: a batalha da Rua Maria Antônia.

Nas trincheiras da USP, comandadas por José Dirceu, aparece uma espiã: a Maçã Dourada.

Congresso da UNE em 1968, Ibiúna, mal organizado e mal realizado: todo mundo preso.

Debate na Veia

Mário Covas (à esquerda na foto) foi o primeiro candidato a apresentar suas ideias num debate presidencial na tevê.

Aureliano Chaves, separando os inimigos Maluf e Brizola.

Lula, Caiado e Afif: hora de intervalo.

2022: dia de debate vira "maratona eleitoral" nas programações do grupo. (Na foto: Rosângela Lara, Luís Megale, Sheila Magalhães, Thaiz Freitas e Marco Antonio Sabino).

Fernando Mitre confere com Boechat os últimos detalhes do primeiro debate em 2018.

Cenas do final do debate, em 2022 (sensação de dever cumprido).

A equipe (da esquerda para a direita): Douglas Santucci, Fernando Mattar, André Basbaum, Carol Alberto Garcia, ean Pierre Zanetti, Leandro Galdino, Fernando Mitre, Andressa Guaraná, Vladimir Pinheiro, Val Leonel e Rodolfo Schneider

Debate na Veia

TESTEMUNHOS
Vozes do Estúdio

O "Senhor do debate"

André Basbaum

O que dizer depois de uma escrita tão envolvente com o desfile completo dos maiores personagens da política brasileira das últimas seis décadas? O que a gente consegue dizer quando se tem a chance de estar ao lado de uma lenda da profissão? Mitre vai falar que o estou chamando de dinossauro, mas não tem problema. É isso mesmo que é: Lenda da minha profissão de jornalista.

O que contar sobre ter tido chance de trabalhar ao lado de um ídolo? E de receber dele a confiança de ajudar na produção do debate da mais disputada corrida eleitoral da história do Brasil? Vou tentar alguma coisa.

Por causa da chance que tive, da oportunidade que Mitre me deu, o ano de 2022 foi o mais importante da minha vida profissional. Entre as televisões do país, somente Band e Globo fizeram os grandes debates com as presenças de Lula e Jair Bolsonaro. A Globo, por causa de sua audiência historicamente gorda. Não ir a um debate na Globo não é razoável. Nunca foi. Perde quem não vai. E a Band, por causa de sua história, de sua tradição e de Fernando Mitre, o Senhor Debate, o Doutor debate, ou aquele que inventou esse troço na televisão brasileira.

Mitre conta aqui no livro como tudo aconteceu. E deixa claro que se ele fosse um "bicho" de TV, ele não tinha feito o primeiro debate presidencial da história, em 1989. Tinha que ser um forasteiro mesmo (oriundo da imprensa escrita) para dar o pontapé inicial naquela saudável polifonia dos políticos. Falo daquele primeiro encontro tão conhecido. Aquele mes-

Debate na Veia 295

mo dos enfrentamentos entre Brizola e Maluf ("... filhote da ditadura..."), Maluf e Covas, Lula e Caiado, do desdém de Aureliano Chaves pelo tempo, da ausência pouco sentida de Fernando Collor, da mediação de Marília Gabriela, da música que se tornou o "hino da democracia" e que arrepia quem gosta da política, de quem gosta do debate, o Debate na Veia!

Lula e Bolsonaro. Bolsonaro e Lula. 2022. Tivemos um caminho longo para ter os dois em nossa arena. Foram intensas e inúmeras as emoções. Pequenas, médias e grandes batalhas. Chegamos a ter o texto de abertura do programa no primeiro turno com a ausência dos dois gigantes da disputa. Chegamos a ter nota de confirmação de um deles desmentida nos portais e jornais. E lutávamos contra os concorrentes que estavam sempre a querer a nossa data ou o nosso insucesso na empreitada. Estivemos no centro do mecanismo de pressões e dissimulações do jogo político. Lula iria se Bolsonaro estivesse. Bolsonaro estaria no debate se Lula confirmasse. E a angústia cantava alto. Era imensa. Algumas vezes uma onda de Nazaré — gigantesca.

Mitre jogava as pedras, dava os lances. Punha as cartas na mesa e me arremessava a linha lá na ponta, lá na franja da coisa toda. Deixou-me ir aporrinhar Lula e o então presidente Bolsonaro em diversas cidades, ao pé de comícios do PT e em eventos públicos do governo federal. Podem imaginar o que é driblar a segurança presidencial? Colava nos filhos do presidente, marqueteiros, assessores de partidos, generais, e nos candidatos e dirigentes históricos do PT. E foi aqui na Band, na sala de Dom Fernando Mitre, que a vitória do primeiro turno aconteceu. Em um espaço de 40 minutos, logo antes do debate entre candidatos ao Governo de São Paulo, reunimos na sala dele os dois maiores representantes de uma candidatura e 20 minutos depois os dois caciques do outro Titã. E no fio do bigode, olho no olho, a coisa destravou. Lula e Bolsonaro apalavrados. Pedidos e Exigências feitas e atendidas. Levantamos um pool de 4 veículos de peso em apenas uma tarde. Fica aqui meu agradecimento aos colegas de Folha, UOL e TV Cultura. Fizemos uma rede gigantesca de TVs e rádios públicas Brasil afora. E contamos com a força do digital, YouTube e Google juntos na divulgação e distribuição do conteúdo. O mais fundamental: Tivemos o apoio total da empresa, da direção e de nosso presidente João Carlos Saad. Batemos recorde de alcance digital que no segundo turno foi batido de novo, como conteúdo de maior audiência digital da história do jornalismo brasileiro.

Os Debates foram impecáveis. Impossível não citar meus colegas Andressa Guaraná, também na produção, Paulo Nogueira, Camila Moutinho e Luciano Dorin, Val Leonel, Douglas Santucci e todos editores e produtores da Band. Ainda Eduardo Oinegue e Adriana Araújo, Fernando Mattar e Vladimir Pinheiro — na linha de frente do espetáculo, e do diretor geral de conteúdo Rodolfo Schneider.

No segundo turno a grande inovação, o banco de tempo: Cada candidato administrava seus minutos e eram livres para caminhar na arena (pag...). Modelo gestado por Fernando Mitre ainda na eleição municipal de 2020. Executado com sucesso absoluto no começo do segundo turno em São Paulo (Tarcísio x Haddad) e transplantado para o debate presidencial entre Lula e Bolsonaro. Foi copiado pela concorrência.

Uma semente que deve ser cultivada daqui para frente. E ela foi feita aqui. Aqui na Band. E eu vi. Participei. Vi de perto. Muito perto. Mitre fundou o debate presidencial na TV e fez a maior inovação da história dos debates presidenciais na televisão. O Senhor debate do Debate na Veia!

Esse é um livro sobre democracia. Sobre valores da democracia. Precisamos aprender mais sobre democracia. O Brasil precisa gostar mais da democracia e fortalecer os princípios que sustentam uma sociedade democrática. Termino contando que me sinto um pouco parte desse projeto de Fernando Mitre. Assim que terminada a eleição de 2022, dizia a ele — noite e dia, dia e noite — que essa era a hora de produzir esse livro sobre a história dos debates. Nos aproximamos como colegas em alguma intimidade. Mitre me lia ao telefone boa parte dos textos, agora aqui impressos. E tenho um orgulho danado disso. Fico então com o meu personagem predileto do livro — o Coronel Chichico e sua intimidade com o voto e o eleitor.

"O coronel explica e o escritor (Mitre) anota:

— Ah! prá cuspir no "burraio" tem que chegar bem cedo na casa do eleitor, na hora mesmo do café sendo feito. Ali é sentar no quentinho da frente do fogo, ir conversando, esperando sair o café, já acendendo o pito e ir cuspindo ali no "burraio". Dá uma intimidade danada, sô. E aí, de casa em casa, a rua vai chegando, o voto cresce que nem sarda miúda…"

O resto é história

Fernando Mattar

Fim de noite de um domingo quente de primavera. Estamos no dia 16 de outubro de 2022, e se aproxima do fim a mais longa e tensa disputa presidencial da Nova República. A partir de agora, a temperatura só vai subir. Nas duas semanas decisivas de campanha cada movimento, cada milímetro de avanço ou recuo nas pesquisas serão dissecados e analisados, cada declaração ou postagem nas redes sociais, explorada e questionada. Num país profundamente dividido, os ânimos estão exaltados e a democracia em risco. Na redação da Band, no bairro do Morumbi, em São Paulo, um pequeno grupo de jornalistas aproveita um raro momento de tranquilidade para comemorar a vitória incontestável na partida decisiva de um difícil campeonato.

Acabou há pouco o debate que reuniu cara a cara o ex-presidente Lula e o presidente em exercício, Jair Bolsonaro. Não há consenso sobre qual deles — ou se algum — se destacou no confronto, mas é quase unânime a opinião sobre o sucesso do programa. A dinâmica, o formato inovador, a condução e a direção são bem avaliados. Rodolfo Schneider, André Basbaum, Andressa Guaraná, Douglas Santucci e eu estamos ao lado do técnico e capitão do time, Fernando Mitre, todos em pé, conversando. Num misto de exaustão e alívio tiramos algumas fotos, brindamos com água e acompanhamos nas telinhas dos celulares a repercussão do debate.

Nos últimos oito ciclos eleitorais do Brasil, desde 2008, acompanhei bem de perto o intrincado xadrez de discussões

Debate na Veia 299

e encontros para construir os debates da Band. Participei de quase todas as inúmeras reuniões com os assessores, que começam meses antes até da confirmação dos candidatos. Coordenei também incontáveis reuniões internas para discussão de regras, logísticas e cenários. Um processo trabalhoso e estratégico sempre conduzido com extremo cuidado pelo diretor nacional de jornalismo Fernando Mitre.

Conforme as datas definidas se aproximam, entra em cena uma imensa equipe. São quase quatrocentos profissionais em ação a cada debate. Praticamente todos os departamentos do Grupo Bandeirantes se mobilizam: jornalismo, operações, engenharia, cenografia, videografia, programação, jurídico, figurino, maquiagem, transportes, segurança... Além das equipes das emissoras de rádio, das tevês por assinatura e das plataformas digitais.

Somando eleições municipais, estaduais e federais, de primeiro e segundo turnos, já assumi a cabine de comando (o *switcher*) em cerca de 30 debates. Num cálculo arredondado para baixo, cada um exige 20 dias de dedicação. Dá pra dizer que foram mais de dois anos inteiros de trabalho exclusivamente para produzir debates eleitorais. Nestes 15 anos passaram pela Band, como candidatos ou convidados, praticamente todos os principais nomes da história política do país. E também personagens folclóricos, em busca de seus 15 minutos de fama. Pelo ponto eletrônico, dividi momentos de muita tensão — e outros até de diversão — com uma lista invejável de jornalistas que "ancoraram" os programas. Entre eles, o saudoso e inesquecível Ricardo Boechat, aquele que, ao ouvir a minha orientação numa dúvida do candidato Ciro Gomes sobre regras, deu a seguinte resposta, no ar: "Perdeu, playboy".

Nos minutos que antecedem a vinheta do debate (com a inconfundível trilha sonora da cobertura eleitoral da Band) um caminhão de preocupações costuma me atropelar. Não importa, neste momento, a longa experiência, ou, talvez, o temor seja ainda maior graças a ela. A postos no *switcher*, depois de repassar com o Mitre os últimos detalhes, começa a checagem final: Vlad, os vídeos com as regras estão calçados? Leandro, os microfones não vão falhar na hora H? E os cronômetros, algum risco de travarem? Andressa, será que está tudo certo no estúdio? Será que a plateia vai se comportar? Assistente nos ouve? Paulo, a comissão que decide os polêmicos direitos de resposta está posicionada e atenta? Mari, alguma mudança da programação? Os textos estão todos completos e corretos? E o ponto? Alô, Rodolfo, testando uma última vez... Vai começar a contagem regressiva.

Em 10 segundos entra no ar o debate mais importante da história recente do Brasil. As pesquisas indicam um resultado apertado nas urnas. As luzes se acendem e a primeira imagem do palco em plano geral revela dois homens lado a lado com expressão tensa. À direita, um militar da reserva que tenta se reeleger Presidente da República e à esquerda, um ex-metalúrgico que busca voltar ao Planalto. Contrariando muitas expectativas, os dois políticos com histórias de vida antagônicas aceitaram o convite para vir à sede da Band em São Paulo e se enfrentar ao vivo neste debate com regras inéditas. Um formato que dá muito mais liberdade no uso do tempo e na mobilidade. Em jogo, o futuro do país. Os dois candidatos não se cumprimentam. E não se olham antes da abertura. Além da tensão habitual da equipe no *switcher*, existe uma grande expectativa. Ainda é impossível saber se eles vão se movimentar pelo palco (como fizeram os candidatos ao Governo de São Paulo poucos dias antes) ou se vão se manter na defensiva, "engessados" atrás dos púlpitos.

Como o Brasil inteiro sabe, essa dúvida durou muito pouco. Só até a primeira participação do futuro presidente Luiz Inácio Lula da Silva. Depois de acompanhar o adversário responder imóvel, Lula sai caminhando com passos seguros pelo palco e declara, com uma voz mais rouca que o habitual: "olha, eu vou até me aproximar da câmera, pra dizer que..."

O resto é história.

P.S.:

Que bom poder participar dessa história ao lado de um jornalista que conhece como poucos a História e que é sinônimo de debate eleitoral. Em todas as funções que exerci nas últimas décadas, passando pela chefia de redação, pelos anos de fechamento do Jornal da Band, pela direção do Canal Livre e do núcleo de reportagens especiais, função que sigo exercendo, tive a honra e o privilégio de ter sempre o xará mineiro Fernando Mitre como chefe e orientador. Nesse tempo comemoramos grandes vitórias e o sucesso de inúmeros projetos. Enfrentamos, também, momentos críticos e um número considerável de desentendimentos. Conversamos — e aprendi muito — sobre paixões em comum: literatura, futebol, cinema, vinho. Discutimos planos, programas, pautas, entrevistas e... debates. Tudo isso sempre em volta de uma mesa abarrotada de livros e jornais. Tudo isso sempre acompanhado de casos e ensinamentos. Tudo isso sempre regado pela dose exata de confiança e respeito.

Comandante do barco e articulador

Rodolfo Schneider

Meu primeiro emprego com carteira assinada foi na Band — Rio de Janeiro. Entrei como estagiário em 2004 enquanto estudava jornalismo na PUC-RJ. À época, o diretor de jornalismo do Rio era ninguém mais, ninguém menos do que Ricardo Eugênio Boechat. Poucos anos depois, ele se tornaria âncora do Jornal da Band e dos debates eleitorais mais relevantes do Grupo.

Cerca de 20 anos antes da minha chegada ao grupo, a Band começava a trilhar o rumo para se tornar o grande farol na realização de debates na imprensa brasileira: a Casa dos Debates.

Para qualquer estudante de jornalismo, seria fascinante poder participar da produção/realização de um grande momento como esse da jovem democracia brasileira.

Quando eu comecei na Band, Fernando Mitre — diretor responsável de jornalismo — já era o comandante do barco e articulador dos encontros entre candidatos. Dezoito anos depois — 2022 — estaríamos juntos para a organização dos debates estaduais e nacional.

Tive o prazer de mediar os debates de 1º e 2º turnos do governo de SP. Mas foi o segundo turno que trouxe a grande inovação: por ideia do Mitre, fizemos um debate com a menor interferência do mediador na história da TV brasileira. Poucas intervenções, tempo controlado pelos candidatos, mais dinamismo e liberdade total para eles caminharem pelo amplo cenário. Eu fiquei de fora do palco, olhando admirado as performances de Tarcísio de Freitas e Fernando Haddad. Confronto

Debate na Veia 303

de ideias, projetos, sem agressividade, sem ataques gratuitos, ofensas... alto nível! Em alguns momentos, os dois riram e chegaram até a concordar em determinadas questões. A ponto de eu finalizar a transmissão elogiando e agradecendo aos dois pelo exemplo de postura e respeito ao telespectador. Até então, o debate de segundo turno para a presidência aconteceria dias depois com regras rigorosas e a mesmice de sempre no formato.

No dia seguinte ao debate, Mitre recebe uma ligação do lado petista encantado com o formato do debate estadual e sugerindo que alterássemos as regras para repetir a dinâmica no domingo. Faltava convencer o lado bolsonarista. E foi um caos! Os assessores não se entendiam. Um topava e o outro ligava na direção contrária. Até que me vi na padaria um dia antes do debate, às 7:30 da manhã, numa ligação com dois ministros de Bolsonaro contrários à mudança do formato. Mas era tarde demais. Quem participava das reuniões representando o então presidente havia concordado, gostado e assinado as novas regras. Não havia tempo e nem como desfazer o passo ousado e inovador. Os últimos dois dias foram repletos de reuniões, consultas jurídicas, pressões, tentativas de alterações... No próprio sábado, conforme relatado aqui no livro pelo Mitre, fomos todos para a casa dele para pensar na estratégia em caso de reação na Justiça.

A verdade é que só confiamos em que teríamos debate com os dois candidatos presentes quando eles pisaram na Band momentos antes do início.

E por incrível que pareça, os dois se comportaram muito bem, sem agressões ou tensões exageradas. Apesar de dificuldades para controlar tempo e ter a desenvoltura no estúdio (coisas normais), foram duas horas de excelente debate e o pontapé de uma nova fase dos encontros!

Nas semanas seguintes, os comentários que mais ouvíamos eram a respeito do formato inovador. Com aprovação máxima da interferência menor do âncora. Ganha o debate, ganham os candidatos, ganha o eleitor, ganha a democracia...

A pedra no lago digital

André L. Costa

A maior transmissão digital ao vivo de uma cobertura jornalística de Eleições, entre todas as democracias do planeta, foi realizada no Brasil. E isso só aconteceu porque Fernando Mitre sempre perseguiu a inovação.

Os 60 anos de história política narrados neste livro ostentam dois recordes mundiais de audiência na internet: os dos debates da Band em 2018 e 2022. E também apresentaram ao eleitor uma união inédita entre jornalismo político e tecnologia: a Sala Digital — uma *war room* de dados que mostrou em tempo real o Brasil reagindo ao debate de acordo com as buscas feitas pelos eleitores no Google. Resultado da parceria entre Band, Google e Youtube, o ambiente de 220 metros quadrados foi construído praticamente com o mesmo tamanho, e bem ao lado, do estúdio onde os candidatos debatiam. Esta inovação somou-se a uma série de ações que catapultaram a níveis históricos a audiência digital e o impacto do debate nos dias seguintes ao evento.

Corria o primeiro semestre de 2018 e eu, à época diretor-executivo de Jornalismo da Band, trabalhava ao lado do Mitre nas conversas com os partidos preparando o 1º debate presidencial. Ele, em todas as oportunidades, enfatizava que naquele ano precisávamos ampliar e marcar contundentemente no Digital a cobertura eleitoral pioneira e relevante que a Band sempre fez. Vínhamos da eleição de Donald Trump em 2016, quando as redes sociais e as *fake news* invadiram de vez o cenário político. Certamente aqui no Brasil a internet também ganharia importância inédita na corrida eleitoral. O candidato Jair Bolsonaro, por exemplo, tinha se alçado à disputa a partir da projeção crescente dele na internet e teria pela frente pouquíssimo tempo de horário eleitoral gratuito na TV e no rádio.

Com a missão dada pelo Mitre, eu e o chefe de Redação Allen Chahad buscávamos o tempo todo ideias para construir a relevância dos nossos debates no Digital. E então, três meses antes do debate, Eduardo Brandini, diretor de Parcerias do Youtube, nos propôs transmitir o confronto presidencial na plataforma. Ok, até ali nenhuma novidade. Transmitir ao vivo nas redes até seria uma consequência natural da cobertura. Mas, com o avanço da conversa, enxergamos o potencial de criar a maior *live* já transmitida no Brasil e levar o interesse pela cobertura a um alcance jamais visto, especialmente entre o público jovem. O recorde anterior era de um vídeo de entretenimento, da potência youtuber Felipe Neto, e bater essa audiência com jornalismo político seria uma façanha! O Mitre, de pronto e como sempre, abraçou o desafio de inovar!

Dias depois, Marco Túlio Pires, líder do Google News Lab, nos perguntou se eles poderiam disponibilizar dois computadores na área externa do estúdio do debate para que os jornalistas que estivessem cobrindo o evento pudessem ter acesso aos chamados "google trends" (o que as pessoas mais pesquisam no Google). Eram dados consolidados diária ou semanalmente. Levei ao Mitre, aprimoramos a ideia e propusemos de volta aos executivos do Google: se vocês revelarem esses dados minuto a minuto e em grande escala, podemos construir um estúdio com dezenas e dezenas de telas onde jornalistas, assessores dos candidatos, convidados e espectadores poderão visualizar o impacto do debate em tempo real, durante o confronto. Google e Youtube toparam e fomos em frente!

Então, foi criada a estratégia de concentrar a transmissão no Youtube — e em nenhuma outra plataforma além do site da Band. Produzimos vídeos de 5 a 15 segundos com todo o elenco da emissora, de jornalismo e esportes a entretenimento, para promover o debate. À medida que o dia do evento ia se aproximando, a distribuição estratégica dessas peças de divulgação ia aumentando. Até que, 15 minutos antes da abertura do debate, qualquer pessoa que acessasse qualquer vídeo no Youtube no território brasileiro seria impactada por um dos nossos jornalistas ou artistas perguntando: "O que você está fazendo aí que não está vendo o 1º debate presidencial na Band?"

O Google, o site mais acessado do país, escreveu embaixo da barra de pesquisa durante quase 24 horas anteriores ao confronto: "Veja aqui o 1º debate presidencial". E, quem clicasse, ia direto para a página da Band.

No dia do debate, além da mega transmissão, a Sala Digital somou-se ao espetáculo tradicional do confronto na TV e trouxe modernidade e tecnologia ao evento. Quando o candidato Cabo Daciolo, logo na abertura, disparou o primeiro "Gloria a Deus!", os gráficos de dados começaram a se mexer freneticamente. Estávamos vendo o Brasil inteiro procurando quem era aquele candidato desconhecido.

Temas como Saúde, Educação, Segurança, tudo o que era relacionado aos desafios do próximo presidente, enfim, tudo o que aparecia no debate e despertava o interesse genuíno das buscas na internet era refletido nas telas da Sala Digital e os dados serviam para nortear inclusive os assessores dos candidatos durante o confronto.

O 1º debate presidencial de 2018 terminou como a maior *live* da história do Youtube no Brasil até então. E complementou a audiência estrondosa da TV, com uma riqueza inédita de dados sobre como o Brasil assistiu ao embate.

Mas o recorde não parou na transmissão ao vivo. Em poucas horas, o vídeo tinha mais de 10 milhões de *views*! Nos dias seguintes, a audiência do debate no Youtube crescia mais e mais, materializando em milhões de visualizações a expressão "pedra no lago", que o Mitre sempre usou para descrever o efeito de reverberação, de ondas se espalhando, do 1º debate do ciclo eleitoral, sempre realizado pela Band.

Em 2022, seguindo as mesmas estratégias, os dois debates presidenciais da Band também bateram recordes de audiência digital ao vivo. E, somadas as visualizações das semanas seguintes ao evento, o confronto do 1º turno foi o vídeo mais visto da internet naquele ano — o número 1 do ranking publicado pelo Youtube no Brasil.

O recorde de audiência e a Sala Digital são mostrados a TVs e jornais do mundo todo pelo Google News Initiative como exemplo de sucesso. Essa empreitada no Digital foi abraçada com entusiasmo pelo Mitre mesmo diante de toda a complexidade já inerente à realização de um debate na TV. E sem dúvida contribuiu muito para o fortalecimento da Democracia brasileira, levando informação confiável de política a milhões de jovens eleitores, acostumados a se informar pela internet.

O caso todo também contribuiu para a criação da Vibra, empresa de tecnologia do Grupo Bandeirantes que eu lidero desde 2020. A companhia atua na transformação digital dos negócios tradicionais de rádio e TV.

É muito simbólica a participação do Mitre em toda essa história de inovação. Com o avanço dos projetos digitais desde então, ele chegou a ceder gentilmente quase 2 metros da sala dele na Redação para implantarmos um *switcher* digital no Jornalismo!

Eu comecei a trabalhar na Rádio Bandeirantes como estagiário no fim do anos 1990 e tenho o Mitre como referência profissional. Ao longo do tempo, tive o privilégio de cobrir de perto todos os ciclos eleitorais e, à medida que avançava na carreira, pude conviver e aprender muito no dia a dia com ele. Nos 9 anos em que dirigi a BandNews FM, lidei com Fernando Mitre no alinhamento editorial diariamente. Tive até a honra de contar com ele como repórter na rádio na renúncia do Papa Bento XVI! Como bom jornalista que persegue a notícia e também é perseguido por ela, Mitre estava em férias, em plena Praça São Pedro, quando Joseph Ratzinger renunciou. Entrou no ar na rádio, direto de Roma, e atualizou os ouvintes por horas e horas, nos dias seguintes também, sobre aquele fato que deixou atônito o mundo católico.

No fim de 2013, o Mitre me convidou para assumir a direção-executiva de Jornalismo da TV e nossa convivência se estreitou. Com salas lado a lado separadas por um vidro, nosso dia a dia foi permeado de grandes desafios, fatos históricos, muitos momentos de felicidade e também de tristeza, como a perda do nosso amigo e colega de trabalho Ricardo Boechat. E, nesses seis anos em que trabalhei diretamente com o Mitre na TV, uma novidade marcaria para sempre nossas vidas e nossas conversas: meus filhos nasceram na mesma época que os netos dele.

Sigo aprendendo com ele sobre jornalismo, cinema, literatura, arte, futebol, política, vinhos, história do Brasil, o comportamento humano. Um jornalista completo, como deveriam ser todos os jornalistas. Mas também o tenho como professor para a vida. Aprendi sobre ética, tolerância, ironia e modéstia, autocuidado, retidão, paciência, serenidade.

E, sobretudo, aprendi com o Mitre a importância de manter viva a curiosidade e o apetite para novidades. O que afinal é um componente fundamental para a inovação e a evolução, em todos os aspectos da nossa vida.

Este livro foi composto em Janson Text, corpo 12 por 14, e impresso sobre papel Pólen Soft 80 gr/m2 pela Gráfica EME, Rua Brig. Faria Lima, 1080, Capivari, SP, para a Editora Letra Selvagem, no inverno de 2023.